Konzepte der Humanwissenschaften

Erhard Meueler

Erwachsene lernen

Beschreibung · Erfahrungen · Anstöße

Klett-Cotta

Klett-Cotta

Printed in Germany
Umschlag: Philippa Walz, Böblingen
Gesetzt aus der 10 Punkt Century expanded
von Hieronymus Mühlberger, Augsburg
Auf säure- und holzfreiem Werkdruckpapier
gedruckt und gebunden von Ludwig Auer, Donauwörth
Fünfte, veränderte Auflage, 1998

Die Deutsche Bibliothek – CIP-Einheitsaufnahme
Meueler, Erhard:
Erwachsene lernen : Beschreibung, Erfahrungen, Anstöße
Erhard Meueler. – 5. veränd. Aufl. – Stuttgart : Klett-Cotta, 1998
(Konzepte der Humanwissenschaften)
ISBN 3-608-95442-2

Inhalt

3 Eigene Erfahrungen und Expertenwissen . . . 69

4 Herrschaftsfreies Lehren und Lernen . . . 101

5 Offene Lerngelegenheiten . . . 125

Einleitung

Was es für Lernende und Lehrende in der Erwachsenenbildung heißt, das eigene Lernen selbst bestimmen zu wollen

Der alte Satz »Was Hänschen nicht lernt, lernt Hans nimmermehr!« stimmt nur zur Hälfte:

Alles, was wir tun, haben wir gelernt, irgendwann, von irgendwem. Jeder von uns, sei er jung oder alt, Hänschen oder Hans, lernt, solange er lebt, bewußt und unbewußt, gezielt und unabsichtlich, lernt Richtiges und Falsches, Nützliches und Sinnloses, Gutes und Böses. Sehr viele unserer Verhaltensweisen und Fertigkeiten, Einstellungen und Denkweisen stammen aus der frühen Kindheit, aus Elternhaus und Schule. Vieles von dem, was damals nicht gelernt oder falsch gelernt wurde, hängt uns ein Leben lang nach, wie andererseits früh erlernte soziale Verhaltensweisen uns unser Leben lang bestimmt haben.

Uns als Kinder richtig zu erziehen war für unsere darin ungeübten Eltern ein schwieriges Problem, zumal weit mehr als die absichtliche Erziehung unabsichtlich gelehrte falsche Verhaltensweisen Denken und Handeln von uns Heranwachsenden oft mit ganz anderen Konsequenzen bestimmten, als es sich die wohlmeinenden Eltern gewünscht hatten.

Ein zweites: Nie waren und sind Kinder und Heranwachsende nur *Objekte* gezielter Erziehung von Eltern und Lehrern, von ungezielter Beeinflussung durch alle nur denkbaren Kräfte und Bedingungen ihrer sozialen und kulturellen Umwelt. Immer waren und sind Kinder und Heranwachsende auch als *Subjekte* beteiligt, mit eigenen Entscheidungen, eigenem Wollen und Verweigern. Erst recht dann, wenn sie aus der Obhut der um sie bemühten Erwachsenen herauswachsen und ihr Leben selbst zu gestalten und bestimmen haben.

Für Sie als Erwachsenen ist es inzwischen eine Selbstverständlichkeit, daß Lernprozesse nicht nur der Kindheit und Schule angehörten, sondern in immer neuer Gestalt und Anforderung ihr alltägliches Leben bestimmen.

Das ganze normale Leben ist Erwachsenenbildung. Wären wir nicht alle von klein auf verdummt worden, benötigten wir wahrscheinlich gar keine professionelle Erwachsenenbildung. Aber wir haben es verlernt, uns das jeweils benötigte Wissen von Fall zu Fall zu beschaffen – aus eigener Kraft. Ständig entstehen neue Lernnotwendigkeiten und Lernbedürfnisse, um der alltäglichen Dauerbeanspruchung in Beruf, Familie, in Freundschaften, Ehe, Politik und anderen sozialen Beziehungen zu genügen. Werden solche Lernaufgaben bewußt erkannt und gezielt angegangen, wird für die selbstinitiierten Lernprozesse häufig die Redewendung »Das habe ich mir selbst beigebracht!« benutzt, anstatt zu sagen: »Ich habe gelernt, von mir aus das und das Neue und Ungewohnte zu tun.« Zu tief sitzt die schulisch geprägte vermeintliche Abhängigkeit des Lernens von der Belehrung durch professionelle Lehrer.

Gleichzeitig wissen Sie noch oder entdecken es neu für sich, daß Sie zur Bewältigung von Alltagssituationen und -problemen nicht unbedingt die kommerziell verrechnete Hilfe von Fachleuten und Institutionen benötigen: Sie lernen, sich gesünder zu ernähren, ein Haus mitzubauen, die Wohnung selbst zu tapezieren, mit neuen Techniken und Instrumenten umzugehen, im Rahmen privater Auseinandersetzungen oder einer Bürgerinitiative ihre Rechte zu nutzen. Erzwungener Konsum, Rollenfixierung und Abhängigkeit von Dritten werden hier ein Stück weit durch Eigenbestimmung, Vielseitigkeit und Selbstkontrolle ersetzt.

Dabei taucht immer wieder die Frage auf: »Schaffe ich es alleine oder bin ich auf die Mithilfe, den Rat anderer angewiesen? Wenn ja, wie finde ich jemanden, der zum einen genügend Ahnung besitzt und zum anderen so vertrauenswürdig ist, daß ich mit ihm/ihr/ihnen zusammen etwas machen will?«

Haben Sie schon einmal daran gedacht, sich mit Bekannten oder sogar wildfremden Leuten zusammenzutun, um bestimmte Sie bedrängende Fragen anzugehen und benötigte Informationen zu bekommen, um die heftig empfundene Unzufriedenheit mit Ihrem Beruf, ausgekühlten familiären und anderen Beziehungen, Ihre nicht erfüllten Hoffnungen auf ein rundes und ausgefülltes Leben zu besprechen und selbst ganz gezielt auf die Einlösung sozialer Bedürfnisse nach Aufmerksamkeit und Zuwendung hin zu arbeiten?

Ich denke an eine Bekannte, die seit ihrer Scheidung vor einem Berg von Problemen steht, die sie jetzt mit ihrem Kind alleine bewältigen muß. Sie schafft es, den Lebensunterhalt für beide zu verdienen und ihr gemeinsames Leben neu zu organisieren. Was für sie aber immer problematischer wird, ist die Erziehung ihres Kindes, das den Vater immer nur in Abständen und unter ganz veränderten Lebensumständen sehen kann. Sie berät sich mit Arbeitskolleginnen und beschafft sich in einer Buchhandlung eine spezielle Abhandlung über alleinerziehende Mütter. Beides nützt ihr wenig. Das Buch ist zu theoretisch, voll von der Philosophie fremder Menschen. Die Beratung im Büro ist zu hektisch, zu abhängig von der Arbeitshetze. Die Probleme bleiben und wachsen an. Sie schläft schlecht und entwickelt Schuldgefühle, die von ihren Eltern genährt werden: »Hättest Du Dich doch mehr Deinem Mann untergeordnet, dann hätte es auch länger gehalten. Jetzt muß es Dein Kind ausbaden, daß Du ...« Sie liest in der Tageszeitung die Ankündigung eines Kurses für Alleinerziehende, durchgeführt von einer Kirchengemeinde im Rahmen der allgemeinen Erwachsenenbildung. Sie besucht den Kurs und trifft auf mehrere Mütter und Väter, die vor gleichen oder ähnlichen Problemen stehen. Nach anfänglicher Bangigkeit, wie es ihr hier wohl ergehen möge, löst sich ihre Befangenheit sehr schnell, als ihr deutlich wird, daß es hier nicht um Wissen aus Büchern, sondern um das eigene Leiden und Lernen der Betroffenen geht. Sie erlebt einen Kursleiter, der sehr genau zu wissen scheint, was die Gruppe zu lernen hat. Dann kommt es in der dritten Sitzung zu der bohrenden Frage einer Mutter, ob er, der Leiter, denn selbst auch schon die Erfahrung der übrigen gemacht habe, alleine mit sich selbst und einem oder mehreren Kindern zurechtkommen zu müssen. Als er verneint und auf seine »intakte Familie« verweist, meint einer der Männer aus der Gruppe, damit ergebe sich ja eine ganz andere Gruppensituation ... Er bäte darum, daß sich der Leiter von jetzt ab nur noch auf die Rolle eines Gesprächsleiters beschränke und methodisch ermögliche, daß die hier versammelten Väter und Mütter als die eigentlichen Experten ihre alltäglichen Probleme auspackten, besprächen und ordneten, um dann gemeinsam nach Lösungen zu suchen, die jedem einzelnen zugute kämen, eventuell aber auch von allen zusammen vorangebracht werden müßten.

Der Leiter schluckt. Es fällt ihm sichtlich schwer, auf die erlernte, sichere Rolle des Lehrers zu verzichten; aber er versucht es von nun an, und es gelingt ihm mit Hilfe der Gruppe.

Das Seminar verläuft sehr lebhaft. Zum Abschluß wird nicht nur mit allen Kindern zusammen ein Fest gefeiert, sondern der Beschluß gefaßt, ein privates Kinderhaus zu gründen, um in einem alternativen Kindergarten den Kindern andere als die sonst üblichen sozialen Erfahrungen zu ermöglichen und zugleich als Elterngruppe über das Erwachsenenbildungsseminar hinaus ganz bewußt gemeinsames Lernen zu organisieren.

Mit dieser Geschichte will ich andeuten, daß es sich lohnt, Zutrauen in die eigenen Kräfte und Möglichkeiten zu gewinnen und die als richtig und notwendig erkannten Lernziele auf selbstgewählten Wegen zu verfolgen.

Dieses »Rollenspiel«, daß Sie mit anderen Erwachsenen zusammen bewußt und gezielt etwas lernen, wird weder von einem Spieler allein (dem Veranstalter oder pädagogischen Mitarbeiter) noch von Ihnen als dem zweiten Mitspieler, noch von der gesamten Gruppe alleine bestimmt. Wirksam sind vor allem die Sie beherrschenden gesellschaftlichen Normen, wie »man«

durch Lehren andere beherrscht und sich im Belehrtwerden anpaßt und unterwirft, daß Bildung verstanden wird als »andere bilden, prägen, formen«, nicht aber als selbstbestimmter Versuch, durch Lernen sich selbst, seinen Alltag und seine Umwelt zu verändern.

Dabei haben Sie es durch Ihre Entscheidung in der Hand, selbst das Spiel mitzubestimmen. Werden Sie sich Ihrer Stärke und Phantasie bewußt. Nutzen Sie Ihre bislang brachliegenden Kräfte:

Bei dem unablässigen Versuch, das Leben, das Sie leben, kritisch zu begreifen und erfolgreich zu »meistern«, müssen Sie sich selbst darüber klar werden, *was* Sie in gezieltem Lernen erfahren und erkennen wollen, *wie* es geschehen soll, *welchem Zweck* das Erkennen dient, *für was und wen* es geschieht, auch *gegen was und wen* es sich richtet, *welche praktischen Konsequenzen* das ganze für Ihr Leben haben soll und *warum* Sie sich diese Mühe machen. All diese Fragen gehören zusammen, und alle Antworten auf diese Fragen auch. Der erwachsene Hans kann rasch und leicht lernen, neues Wissen erwerben und neue Fähigkeiten entwickeln, wenn er erkennt, daß er ohne diesen Einsatz in seinem Beruf, in seiner Lebensgestaltung, in seinem Umgang mit anderen und all denjenigen, die ihn als Geschäftsleute und Politiker benutzen wollen, nicht weiter kommt. Wenn Hans weiß, wohin er will, kann er sich ganz intensiv um die Wege kümmern, die ihn zu dem selbstgesteckten Ziel führen.

Ich will Sie im folgenden ermuntern, mehr Zutrauen in die eigenen Kräfte und Möglichkeiten zu gewinnen und dies mit denjenigen zusammen zu tun, die ebenfalls Vertrauen in ihre eigenen Lernmöglichkeiten gefaßt haben.

Dieses Buch beschreibt eine Erwachsenenbildung, in der Sie aus den klassischen Zuhörern und Teilnehmern zu den Veranstaltern Ihres eigenen Lernens werden und selbst entscheiden, was Sie lernen wollen, mit wem, in welche Richtung, mit welchen Zielen, auf welche Weise, zu welchen Zeiten und an welchem Ort. Selbständig. Selbstorganisiert. Selbstbestimmt.

Warum sich dieses Buch sowohl an Teilnehmer wie an pädagogische Mitarbeiter der Erwachsenenbildung wendet und warum beide Gruppen immer wieder ihre Rollen tauschen müssen

Die Geschichte vom Mut, eine Probe zu wagen
Ein König stellte für einen wichtigen Posten den Hofstaat auf die Probe. Kräftige und weise Männer umstanden ihn in Scharen. »Ihr weisen Männer«, sprach der König, »ich habe ein Problem und ich möchte sehen, wer von euch in der Lage ist, dieses Problem zu bewältigen.« Er führte die Anwesenden zu einem riesengroßen Türschloß, das so groß war, wie es keiner je gesehen hatte. Der König erklärte: »Hier seht ihr das größte und schwerste Schloß, das je in meinem Reiche war. Das Öffnen dieses Schlosses erfordert eine gewisse Kunst. Wer von euch ist in der Lage, das Schloß zu öffnen?« Ein Teil des Hofstaates schüttelte nur verneinend den Kopf. Einige, die zu den Weisen zählten, schauten sich das Schloß näher an, gaben aber zu, sie könnten es nicht schaffen. Als die Weisen dies gesagt hatten, schüttelte auch der Rest des Hofstaates verneinend den Kopf und gab zu, daß dieses Problem zu schwer sei, als daß sie es lösen könnten. Nur ein Wesir ging an das Schloß heran. Er untersuchte es mit seinen Blicken und mit seinen Fingern, versuchte es in der verschiedensten Weise zu bewegen und zog schließlich mit einem Ruck daran und siehe, das Schloß öffnete sich. Das Schloß war nämlich, wie der König wußte, nur angelehnt, und es bedurfte nichts weiter als des Mutes und der Bereitschaft, dies zu begreifen und beherzt anzufassen. Der König sprach: »Du wirst die Stelle am Hof erhalten, denn du verläßt dich

nicht nur auf das, was du siehst oder was du hörst, sondern setzt selber deine eigenen Kräfte ein und wagst eine Probe.«

(persische Geschichte; Peseschkian 1977, S. 273)

Die Erwachsenenbildung hat sich zu einem für den einzelnen kaum mehr überschaubaren lebhaften Arbeitsfeld entwickelt. Täglich und gleichzeitig wird in vielen Räumen und an unzähligen Orten diskutiert, musiziert, experimentiert, nachgedacht, argumentiert, widersprochen, gelehrt und ohne Belehrung gelernt, gegessen, gelacht und gespielt. Der zentrale »Raum«, in dem verbindlich und verständlich darüber nachgedacht und geurteilt wird, was all diese Lernorte und Aktivitäten notwendig macht und zusammenhält, scheint wegen eines riesengroßen Türschlosses unzugänglich zu sein. Jedenfalls ist die Klage, daß es bis heute keine *Didaktik der Erwachsenenbildung* gibt, überall zu hören. Sie durchzieht die Seminare der Volkshochschulen und die Schulungen der Gewerkschaften, tönt aus Abendgymnasien und kirchlichen Arbeitsstellen für Erwachsenenbildung. Der Zugang zur Didaktik der Erwachsenenbildung ist aber ebenso leicht zu gewinnen wie in der persischen Geschichte. Die Türe ist nur angelehnt: Die Welt der Erwachsenen ist in ihren Erscheinungsformen in so vielfältiger Weise beschrieben und in ihrem Wesen so gründlich erläutert und kritisiert worden, daß mit etwas Aufmerksamkeit all das für die Erwachsenenbildung Wissenswerte und Denknotwendige aus der praktischen Arbeit, der wissenschaftlichen und alltäglichen Diskussion herausgehört werden kann.

Diese Einsicht hat den Anstoß zum vorliegenden Buch gegeben. Meine eigene Praxis in den unterschiedlichsten Zusammenhängen der Erwachsenenbildung in den letzten Jahrzehnten sollte ebenso eingebracht werden wie die theoretischen Reflexionen, die sich im Anschluß an Tagungen, Seminare und die Lektüre einschlägiger Bücher und Aufsätze ergaben. In vielen Fortbildungskursen habe vor allem ich von den Teilnehmern gelernt.

Über mehrere Jahre hinweg habe ich viel gelesen und versucht, das Gelesene wieder praktisch und in der Diskussion mit Mitarbeitern, Kollegen, Freunden und Studenten umzusetzen.

Die Danksagung an Autoren und Freunde am Schluß des Buches macht deutlich, wer alles direkt und indirekt die Entstehung dieses Buches beeinflußt hat, auch wenn dies nicht mehr immer im einzelnen nachgewiesen wird. Eine Zitatensammlung würde den lebendigen Prozeß der Auseinandersetzung mit den Ansätzen, Erfahrungen, Einsichten Dritter sowieso nicht wiedergeben können.

Meine Grundabsicht war und ist, Routine, Verkürzung und die ständige Versuchung zu vermeiden, Erwachsene wieder zu unmündigen Schülern zu machen. Daher auch die mitunter persönlichen Einschübe: Diese kleine Schrift sollte keine akademisch trockene Abhandlung über Erwachsenenbildung werden, sondern ein Arbeitsbuch, eine Sammlung von Anregungen, sich von dem schulischen Klischee des Lehrens und Lernens zu befreien.

Daß die notwendigerweise eingebrachte Theorie ebenfalls nicht als etwas Abgeschlossenes, Endgültiges betrachtet werden soll, daß gerade der Theorie als Reflex der Wirklichkeit eine enorme Dynamik zugesprochen werden muß, sollte sich von selbst verstehen.

Dieses Buch ist gegen die Resignation geschrieben, die mich selbst immer wieder in der täglichen Arbeit befällt und die aus vielen Gesprächen mit Kollegen herauszuhören ist: Zu bestimmend ist die Erfahrung, ständig wie Sisyphos damit beschäftigt zu sein, ein ungefüges und schweres Felsstück einen Berg hinaufzudrücken, von dem es kurz vor Erreichen des Zieles immer wieder hinabrollt. Ermüdet beginnt man die Arbeit von neuem. Handfeste Zwischenerfolge und erfolgreiche Problemlösungen sind recht selten zu vermelden. Stattdessen wächst die Einsicht, daß sich durch noch so kluge und detaillierte Analysen von gewalttätigen Prozessen im privaten wie öffentlichen Leben die untersuchten Herrschaftsverhältnisse nicht einfach auflösen, sondern daß zu denkerischen und gefühlsbestimmenden Erkenntnissen der eigene mühselige Kampf um die praktische und politische Einlösung der als richtig erkannten Problemlösungen treten muß. Zu unbequem ist auch die Einsicht, daß

Denken und Handeln, Analysen und politische Praxis nicht arbeitsteilig an unterschiedliche Leute und Gruppen verteilt werden können, sondern von allen zusammen und in einem geleistet werden müssen – im kleinen wie im großen. Es geht um Theorie und Praxis einer auf den ganzen lebendigen Menschen und nicht nur auf sein Gedächtnis und seine Arbeitskraft bezogenen Erwachsenenbildung, in der danach gefragt wird, was die teilnehmenden Erwachsenen von ihrer alltäglichen Lebenspraxis, ihren bewußten und unbewußten Alltagsproblemen (Arbeit, Freizeit, gesellschaftliche Entwicklung, Erziehung, Sexualität, Sinnfragen, Partnerschaft, Leid, Wohnen, Konsum, Machtausübung und Unterdrückung) her lernen wollen und lernen müssen.

Erwachsenenbildung kann menschliche Gefühle aufschlüsseln, Denken und Handeln in Richtung auf mehr Freiheit und Glück verändern, aber sie kann auch das Gegenteil erreichen, Abhängigkeit und Unsicherheit erzeugen.

Es liegt an Ihnen, sich die Begleitung und Information zu besorgen, die *Sie* benötigen und all das zurückzuweisen, was Ihre Autonomie schmälert. Die erhoffte Selbstbestimmung, die immer nur als Zunahme von Freiheit, nie als absolute Freiheit erreicht werden kann, muß immer gegen Dritte und die eigenen Ängste vor zu viel Verantwortung erkämpft werden.

Da die gründliche Lektüre eines Buches der Versuch ist, es neu zu schreiben, ist das vorliegende als Einladung zur kritisch weiterführenden Diskussion gedacht. Mit den in ihm enthaltenen Annahmen und Anregungen bin ich auf Rückmeldung, Korrespondenz und Kritik angewiesen.

1 Erwachsenenleben und Erwachsenenbildung

Erwachsenenbildung heißt aus der Sicht der Veranstalter, daß sie Räumlichkeiten und Fachleute zur Verfügung stellen, um unter bestimmten Themen und Fragestellungen solche Leute zusammenzubringen, die gemeinsam etwas lernen wollen. Die Teilnahme ist auf den ersten Blick hin freiwillig. Diese Freiwilligkeit erscheint gebrochen, wenn man sich vergegenwärtigt, wie angewiesen der Teilnehmer auf das hier Erlernte sein kann.

Jeder Ankömmling möchte die hier verbrachte Zeit auf sinnvolle Weise gegen eine neue und wichtige Erfahrung eintauschen. Er möchte etwas erfahren über sich und die Welt. Er möchte etwas lernen, was mit dem eigenen Leben, der erlebten Vergangenheit, dem Heute und der ungewissen Zukunft zu tun hat. Er möchte jemanden treffen, um sich auszusprechen. Er will Unverständliches und Widersprüchliches verstehen und sich Handlungsorientierungen erarbeiten. Er will Kontakt mit anderen Menschen erhalten: Er sucht Kommunikation und Verständnis, das ihm im übrigen Lebensraum fehlt. Er sucht grundlegende Bedürfnisse nach Sicherheit, Anerkennung, Liebe, Geborgenheit, Angenommensein und Selbstachtung zu befriedigen. Dabei rangieren die Themen der Veranstaltungen, in denen solche sozialen Erwartungen erfüllt werden sollen, oft genug eher an zweiter Stelle. Zunächst kommt es einmal darauf an, soziale Ängstlichkeit zu überwinden und den ersten Kontakt aufzunehmen, damit sich und anderen offen einzugestehen, daß ich auch als Erwachsener noch etwas lernen will und kann.

Im Gegensatz zur Schule werden die Ziele, Inhalte und Methoden in der Regel nicht durch einen übergeordneten Kontrollapparat (Lehrpläne der Schule als staatliche Unterrichtsanweisungen) vorweg entschieden. Lerngruppe und Leiter können selbst herausfinden, welche Lebenssituationen ihr Lernen bewältigen soll und was (Ziele und Inhalte) im Hinblick auf die zu bewältigenden Lebenssituationen und Probleme gelernt werden muß. Sie können selbst entscheiden, welche Kompetenzen sie in bezug auf sich selbst, auf Sachverhalte/Prozesse und in bezug auf die gesellschaftliche Umwelt erwerben wollen. Sie können über die notwendigen Wege (Planung, einzusetzende Arbeitsformen/Methoden), die Durchführung, Auswertung und Aneignung, die denkbaren und wünschbaren Praxiskonsequenzen des gemeinsamen Lernens selbstverantwortlich entscheiden.

Wir lernen etwas, indem wir es zu tun beginnen. Das Lernen der Erwachsenen kann sowohl dem eigenen Wunsch, den eigenen Bedürfnissen, als auch gesellschaftlichen Erfordernissen entsprechen, die uns aus Sorge und Angst zu neuem Denken und Verhalten zwingen.

Das heute benötigte und hier propagierte Lernen ist mehr als ein Kommunikationsproblem zwischen einem sendenden (lehrenden) und einem empfangenden (lernenden) System, es ist ein Ausdruck von Leben, sozialen Bezügen und unabschließbaren Prozessen.

Lernen ist mehr, als sich mit Wissen füttern zu lassen. Lehren ist auf Lernen angewiesen, Lernen auf Lehren – aber es kommt ganz darauf an, mit wem, warum, in welche Richtung und wie es geschieht und von allen Beteiligten verstanden und veranstaltet wird. Davon handelt dieses Buch.

Ich gehe davon aus, daß *Erwachsenenbildung als Begleitung zur allgemeinen Lebenspraxis* von uns allen organisiert und verstanden werden kann als Versuch, unsere Lebenswirklichkeit auszulegen, um den eigenen Ort und die eigenen Möglichkeiten, aber auch Grenzen unseres Handelns deutlicher bestimmen zu können.

»Lebenspraxis« – das klingt so gewichtig. Was ist gemeint?

Lebenspraxis ist Fühlen, Handeln und Nachdenken

Die Schulen vertrösten Kinder und Jugendliche darauf, daß das erlernte Wissen im späteren Leben benötigt werde: »Nicht für die Schule, sondern für das Leben lernen wir.«

Die Lehrer sollen die Kinder vorbereiten auf ein Leben, das diese noch nicht kennen und das noch nicht einmal die Lehrer exakt voraussehen können.

Wir Erwachsenen stehen nun mitten in diesem »künftigen« Leben. Es hat uns eingeholt und wir haben es, gar nicht immer kompetent und glücklich, täglich zu bewältigen und zu ertragen. »Sein Leben leben«, das menschliche »Tun«, das heißt tagtägliches Fühlen, Handeln und Nachdenken, zumeist abhängig, fast nie selbstverantwortlich, eingebunden in ein Netz von vorgegebenen und nur zum Teil selbst geschaffenen Beziehungen. Das zu bewältigende Leben ist dem Wissen, Wollen, Nachdenken und Handeln immer ein Stück voraus. Seine Bewältigung erfordert stets die Gleichzeitigkeit von Handeln und Nachdenken, um erneut handeln zu können. Ich bezeichne diese Lebensrealität im folgenden als »Praxis«. Praxis meint als bewußter Lebensvollzug die Einwirkung auf unsere Umwelt, die gesellschaftliche und darin einbezogen die persönliche Lebenswirklichkeit. Praxis heißt Arbeit als materielles wie psychisches Tätigsein, unaufhörliches aktives In-Beziehung-Treten zwischen Menschen und Sachen, Menschen mit anderen Menschen und damit Produktion des eigenen Lebenszusammenhangs.

Ist die Praxis zugleich Ausgangspunkt, Antriebskraft und Bezugspunkt (Ziel) des Erkennens und Handelns, können Einsichten und Erkenntnisse, Wissen und Wollen ein Stück weit das Handeln und damit die Praxis bestimmen.

Erkenntnis und Wissen – das ist nichts Statisches, Festes.

Erkenntnis und Wissen – das ist ein ständiger Prozeß, Resultat aus dem Einwirken der Menschen auf die objektive Realität und umgekehrt, Resultat des Erforschens, Nachdenkens und praktischen Handelns. Heute etwas zu erkennen, neu zu erkennen, zu erfahren, zu lernen, was andere schon wissen, was also schon vorhandenes Wissen ist, das ist nicht davon zu trennen, neues Wissen zu schaffen (Freire 1980, S. 96).

Neue Erkenntnisse können als alternatives Werte-Wissen gewohnte Verhaltensformen problematisieren und – falls zum Wissen das Wollen tritt – Lebensveränderungen bewirken. So wird Erwachsenenbildung zur bewußten Vergewisserung über das »richtige« Leben.

Erwachsensein, oder: Das Leben nach der Jugend

Die englischen Sozialwissenschaftler St. Cohen und L. Taylor (1977) kennzeichnen das Alltagsleben als von der doppelten Aufgabe geprägt, die tägliche Existenz zu strukturieren *(Realitätsarbeit)* und gleichzeitig eine Identität *(Identitätsarbeit)* aufzubauen und durchzuhalten.

Der dem Leben in der modernen Gesellschaft abverlangten Gleichzeitigkeit von Realitätsarbeit und Identitätsarbeit als Notwendigkeit, mit Hilfe von »Lebensplänen« stabile Weltbilder konstruieren und uns gleichzeitig als unverwechselbare Individuen darstellen zu müssen, wird im folgenden nachgegangen:

Da wir in allen Lebensvollzügen ganz unbewußt und spontan stets eine Position einnehmen, die uns – beispielsweise bei allen sinnlichen Wahrnehmungen wie dem Sehen und Hören der Umwelt – als Mittelpunkt erscheinen läßt, auf den hin alles zusammenfließt, können wir davon ausgehen, daß jeder von uns zu sich selbst eine so intensive und durchgängige Beziehung hat, daß keine Beziehung zu jemand anderem damit vergleichbar wäre. Diese Beziehung, die wir zu uns selbst haben, entwickelt sich im Laufe unseres Lebens, sie kennt Höhepunkte und Krisen und endet erst mit dem Tode.

Alle Perioden der Persönlichkeitsentwicklung von Kindern und Jugendlichen bis zum Alter von 18 oder 20 Jahren sind immer wieder wissenschaftlich untersucht und gewissenhaft dokumentiert worden.

Der Weg danach, die Reise flußabwärts dem eigenen Tod entgegen, fand mit Ausnahme des Alters bisher kein größeres wissenschaftliches Interesse. Dabei haben immer schon Weisheitsliteratur, Volksmund, Biographien, Dichtung und auch vereinzelte wissenschaftliche Arbeiten von verschiedenen Entwicklungsperioden und -rhythmen im Leben von Erwachsenen gesprochen und davon, daß äußere Einflüsse und eine innere Entwicklung bis zum Tode Verhaltensänderungen bewirken.

Die New Yorker Journalistin Gail Sheehy (1978) ist diesen Einsichten nachgegangen. Sie untersuchte 115 Lebensläufe von Männern und Frauen und befragte mehrere Jahre lang Menschen zwischen 18 und 55 Jahren. Sie bestätigte frühere Annahmen, daß Erwachsene sich in verschiedenen Stufen entwickeln, wobei ihnen jede einzelne Entwicklungsstufe besondere Aufgaben, die Auseinandersetzung mit jeweils neuen und unverwechselbaren Problemen und Situationen auferlegt.

Auch wenn Ihre eigene Entwicklung bisher ganz anders verlaufen ist, wird es Sie doch interessieren, daß von den meisten der von der amerikanischen Journalistin befragten Menschen die mit den einzelnen Lebensstufen jeweils gegebenen neuen Entwicklungsmöglichkeiten als ständig neue Krisen erlebt wurden und werden:

- die Ablösung von der Familie mit 18-20 Jahren;
- der Eintritt in das Berufsleben;
- die bewegten Zwanzigerjahre mit der Frage, wie wir in der Erwachsenenwelt Fuß fassen sollen und können und wie dem Wunschbild von einem erfüllten und erfolgreichen Leben Form gegeben werden kann;
- die Gründung einer Familie;
- Probleme beruflichen Vorwärtskommens;
- die Gefühle der Beengtheit und Eingeschränktheit, die viele Männer und Frauen überfallen, wenn sie sich den Dreißig nähern. Sehr oft entsteht rückblickend Unzufriedenheit mit den persönlichen Entscheidungen, die in den Zwanzigerjahren getroffen wurden. Sehr viele haben das Gefühl, einen Tiefpunkt zu erleben. Es müssen Leistungen erbracht werden, von denen scheinbar die Anerkennung der Mitmenschen und die Bestätigung durch die Umwelt (berufliches Voran-

kommen) abhängen. Diese Bedingungen werden akzeptiert, aber gleichzeitig entsteht oft der Drang, aus diesen vorgegebenen Rollen zugunsten anderer Formen der Selbstverwirklichung ausbrechen zu müssen.

- Mit dem Beginn der Dreißigerjahre tritt häufig das Leben in vernünftigere und geordnetere Bahnen als bisher. Fertigkeiten und Erfahrungen nehmen zu. Es ist eine Zeit der Ich-Stabilität und eines fühlbar großen Vorrats an geistiger und körperlicher Energie. Viele bekommen bestätigt, mit ihrer Arbeit und ihren Erfahrungen der Umwelt gegenüber etwas zu leisten und geleistet zu haben. Die Zukunft erscheint als Verlängerung der Vergangenheit und Gegenwart.
- Die Zeit von Mitte Dreißig bis Mitte Vierzig wird von vielen als Einschnitt erlebt. Fast die Hälfte des Lebens ist vorbei. Die berufliche Entwicklung ist abgeschlossen. Die Erziehungs- und Schulprobleme der Kinder wachsen an. Die Zeit beginnt zu drängen. Der Verlust der Jugend, das Nachlassen der körperlichen Kräfte, die stets als Selbstverständlichkeit empfunden wurden, die mit einem Mal als inhaltsleer erkannten sozialen Rollen, mit denen wir uns bisher identifiziert haben, das Abbröckeln von Leistungsmaßstäben, das Dilemma, keine befriedigenden Antworten auf bedrängende Fragen zu wissen, alle diese Schockerlebnisse können, je alleine oder zusammen, dieser Übergangszeit einen Krisencharakter verleihen.

»Das kann doch nicht alles gewesen sein ...« singt W. Biermann:

»Das kann doch nicht alles gewesen sein,
das bißchen Sonntag und Kinderschrei'n.
Das muß doch noch irgendwo hingehn, hingehn.

Die Überstunden, das bißchen Kies,
und abends in der Glotze das Paradies.
Darin kann ich doch keinen Sinn sehn, Sinn sehn.

Das soll nun alles gewesen sein,
da muß doch noch irgendwas kommen. Nein!
Da muß doch noch Leben ins Leben, eben . . .

Ich will noch n'bißchen was Blaues sehn
und will noch n'paar eckige Runden drehn
und dann erst den Löffel abgeben, eben . . .«

Sehr häufig entsteht in der »Mitte des Lebens« der Druck, den bisherigen Lebensweg zu verwerfen, das Leben zu verneinen, Mißerfolge zu betonen, mehr denn je anderen und sich selbst Schuld zuzuschreiben und unerklärliche Ängste mit körperlichen Leidenssymptomen zu erleben.

- Irgendwann in der Mitte der Vierziger ist zumeist das Gleichgewicht wieder hergestellt. Die im bisherigen Lebensverlauf getroffenen Entscheidungen werden akzeptiert, so daß es oft gelingt, dem eigenen Leben wohlwollender als bisher gegenüber zu stehen. Sehr oft wird eine neue Stabilität als ein Sich-selbst-Einrichten erreicht.
- Während das Nachdenken und Handeln in den vorangegangenen Entwicklungsphasen eher vorwegnehmend und vorsorgend auf die weitere Zukunft ausgerichtet waren, ist das Sorgen im Alter in erster Linie auf die unmittelbaren existentiellen Anforderungen und Probleme, die aus der gegenwärtigen Lebenssituation entstehen, bezogen.
- Das höhere Alter (Pensionierung, Rentenalter) ist insbesondere durch den Verlust der Berufsrolle gekennzeichnet. Mit ihr gehen ein beruflich zugeschriebener Status, Sozialkontakte, das normale Einkommen verloren.
  Der ältere Erwachsene erlebt die Auflösung der Familie: die Kinder werden selbständig und/oder der Ehepartner stirbt. Es entstehen neue Ängste. Insbesondere in den städtischen Ballungsräumen beschleunigt sich die Vereinsamung.
  Die körperlichen Kräfte und Energien, früher selbstbewußt erlebte Fähigkeiten, die Anziehungskraft auf andere nehmen ab. Die Auseinandersetzung mit der Umwelt geschieht eher gedanklich denn durch Taten. Das Interesse an kurzfristigen

Befriedigungen (Essen, Unterhaltung, körperliche Annehmlichkeiten) wächst. Gleichzeitig wird in diesem Alter die Unmenschlichkeit der Warentauschgesellschaft besonders schmerzlich erfahren: Die alten Menschen erleben, daß sie, da sie nicht mehr arbeitsfähig und für den wirtschaftlichen Fortschritt nützlich sind, von der sie umgebenden Gesellschaft zumeist nur noch als lästig empfunden werden. Werden sie in Altenpflegeheime und Anstalten (»Abstellgleise der Leistungs- und Genußgesellschaft«, »Warteräume zum Tode«, »Schrotthaufen der Menschlichkeit«) eingewiesen, sterben sie meist lange vor dem physischen Tod den sozialen Tod: 32 Prozent der in Alters- und Pflegeheime eingewiesenen Menschen sterben im ersten halben Jahr nach ihrer Einlieferung.

Selbsteinschätzung und Selbstwertgefühl

Das Leben verläuft anders als ein Schulaufsatz mit interessanter Einleitung (Kindheit), wohlgegliedertem Hauptteil (Erwachsenenleben) und Schluß (Ruhestand und Happy-End).

Es gibt eine fortschreitende Entwicklung im Erwachsenenleben, zumeist als krisenhaft erlebte ständige Veränderung des Erlebens und Verhaltens gekennzeichnet. Neben die traditionellen Lebenskrisen (Geburt, Erwachsenwerden, Heirat als Loslösung vom Elternhaus, Altern) tritt eine Fülle von krisenhaften Situationen, die das Erwachsenenleben in der Form von Angst- und Unsicherheitsgefühlen kennzeichnen und die mit den überkommenen Erlebens- und Verhaltensmustern nur unzureichend bearbeitet werden können. Der lebenslange Prozeß der Identitätsbildung, bestimmt durch Konflikte zwischen Unterdrückungs- und Freiheitsansprüchen, zwischen Ergebung und Widerstand, Akzeptieren und Verweigerungstendenzen, vollzieht sich zeitlebens in einem Gewirr menschlicher Beziehungen.

Da jeder von uns an bestimmten Punkten seiner Lebensentwicklung bestimmte Verhaltens- und Erlebniserwartungen entwickelt, andererseits die uns umgebende soziale Umwelt bestimmte Verhaltensweisen der Anpassung erwartet, ergeben sich mit dem Älterwerden und jeder Veränderung von Lebenssituationen Umorientierungen und neue Entwicklungsaufgaben, die sowohl von unserer bis dahin durchlaufenden Entwicklung bestimmt sind, als auch diese befördern.

In jeder dieser Entwicklungsphasen braucht jeder von uns andere Menschen, da jede Beziehung zwischen einzelnen Menschen eine Definition des eigenen Ichs durch den anderen und des anderen durch mich selbst bedeutet:

Während eines Arbeitstages mit Krankenschwestern und Schwesternschülerinnen unterhalte ich mich in einer Pause mit alten Diakonissen, die als Gäste teilnehmen. Eine 82jährige: »Es gibt allerlei Angebote in unserer Stadt für alte Menschen: Basteln, Malen, Altencafé, Altensingen, Busfahrten für Alte ... Ich brauch' keine Altenwerkstätten. Ich brauch' keine Bastelanleitungen. Ich brauch' Menschen, Menschen, Menschen ...! Verstehen sie mich?«

Jeder von uns ist auf den Respekt, die Zuwendung und Liebe anderer angewiesen. Unsere eigene innere Sicherheit, unser Wohlbehagen, unsere Selbstsicherheit und Liebesfähigkeit anderen gegenüber, all dies hängt von der positiven Wertschätzung anderer ab. Um sie zu erringen und zu behalten, sind wir oft zu den größten Opfern bereit, was dazu führen kann, daß wir uns nur noch an anderen orientieren und unser eigentliches Ich verlieren. Davon handelt die folgende alte Geschichte:

Ein alter Rabbiner mit Namen
Sussja pflegte seine Lehrmeinung
über das Leben mit folgendem
Satz zu erklären:

»Wenn ich einmal im Jenseits ankomme,
wird man mich nicht fragen:
Warum bist du nicht Moses gewesen?

Man wird fragen:
Warum bist du nicht Sussja gewesen?

Warum warst du immer bloß
mehr oder weniger dies,
mehr oder weniger das,
nur nicht, was dir bestimmt war:
Sussja zu sein?

Bloß Sussja – aber dies ganz!«

Sind Sussjas Fragen auch Ihre Fragen: Wer bin ich? Wer bin ich vor mir selbst? Wer bin ich aus der Sicht der anderen? Was will ich? Was kann ich wollen? Was kann ich überhaupt? Wie löse ich mich aus der Abhängigkeit von anderen?

Die Geschichte vom Rabbi Meschullam Sussja von Hanipol (gest. 1800) macht deutlich, daß immer schon unterschieden wurde, was und wer man für andere und was und wer man für sich selbst zu sein habe. Sie zieht den Schluß, daß es gelte, die persönliche Identität durch die Vielfalt zugemuteter Rollenanforderungen, die an einen gestellt werden, aus der Vergangenheit über das Heute ins Morgen hinein aufrechtzuerhalten.

Ob Sicherheit in bezug auf das eigene Fühlen, Denken und Handeln zustandekommt, gewappnet gegenüber Anpassungsdruck von außen und eigenen Wachstumskrisen (Erfahrungen des Ungenügens an sich selbst, der eigenen Stümperhaftigkeit, Erfahrungen mit erlebten Widersprüchen zwischen Wollen und Tun, Einsicht und Verhalten, Erfahrungen mit der ständigen Neudefinition seiner selbst), all das hängt von Erfolgserfahrungen, vertrauensvollen Beziehungen zu anderen und erworbenem Selbstwertgefühl ab. Es hängt davon ab, ob man sich selbst akzeptiert.

Die Fähigkeit, eine stabile, belastbare und doch flexible Balance zwischen persönlicher und sozialer Identität herzustellen, Rollen bewußt annehmen, sich aber auch bewußt verweigern, sich selbst darstellen zu können, ohne zu einem Selbstdarsteller zu werden, wird oft als Ich-Identität beschrieben. E. H. Erikson spricht von einem Gefühl der Ich-Identität als einem angesammelten Vertrauen darauf, daß der Einlinigkeit, Einheitlichkeit und Kontinuität, die man in den Augen der Mitmenschen habe, eine Fähigkeit entspreche, tatsächlich selbst eine innere Einheitlichkeit und Kontinuität aufrechtzuerhalten. Dieses Selbstgefühl werde bei der Reifung der Person im Jugendalter schließlich zu der Überzeugung, daß man morgen der gleiche wie heute sein werde und sich zu einer bestimmbaren Persönlichkeit innerhalb einer nunmehr verstandenen sozialen Wirklichkeit entwickle (Erikson [2]1974, S. 107).

Wie wird dieses Selbstgefühl erworben? Welche Entscheidungen sind nötig? Was ist mit der so oft beschworenen »Selbstverwirklichung«?

Dieser Begriff klingt sowohl herrisch (was ich nicht selbst verwirkliche, bleibt unverwirklicht) wie auch ängstlich (gelingt es mir nicht, mich selbst zu verwirklichen, bleibe ich ein Nichts).

Die Begriffe »Selbstverwirklichung« und »Ich-Identität« mit dem Bedeutungsgehalt einer Kontinuität des eigenen Lebens, Empfindens und Verhaltens, einer wahrnehmbaren Sich-Selbst-Gleichheit in Vergangenheit, Gegenwart und Zukunft werden täglich durch die Erfahrung in Frage gestellt, daß es in unserer Gesellschaft im wesentlichen drei Erwartungen gibt, die von jedem von uns erfüllt werden sollen: zu arbeiten, zu konsumieren und nicht gegen die Beschlüsse derer, die das Sagen haben, aufzumucken.

Ist es überhaupt möglich, als Lohnabhängiger und williger Konsument eine eigene Identität, einen unverwechselbaren Lebensstil im Sinne einer Steuerung des eigenen Lebens zu finden?

Wie das Schicksal arbeitsloser Diplompädagogen, Lehrer, Soziologen, Psychologen zeigt, ist selbst unter Einsatz großer persönlicher und finanzieller Investitionen (höhere Schule, langfristig geplantes Studium, Zusatzausbildungen) heute eine persönliche Lebensplanung inklusive Erfolgsleiter kaum noch möglich. Zu sehr haben Staat und Unternehmen sowie Verbände die Planungskompetenzen vom einzelnen abgezogen. Die Planung des eigenen Lebens, die Verwendung der Arbeitskraft, die Gestaltung des unmittelbaren Lebensraums, all dies wird der Verfügungsgewalt des einzelnen entzogen. Er sieht sich Entwicklungen gegenüber, auf die er keinen Einfluß nehmen kann. Zwar ist für Geld fast alles zu bekommen, doch keine Sicherheit vor existentiellen und gesellschaftlich hergestellten Bedrohungen (Atomindustrie; industrielle Vergiftung von Luft, Wasser, Boden, Lebensmitteln; irrsinnige Aufrüstung) zu erkaufen. Obgleich die gesellschaftlichen Verhältnisse Offenheit und generelle Freizügigkeit vortäuschen, gewinnt die reale Entmündigung (alleine schon durch die bestehende und zum Teil genutzte Möglichkeit, alle Bundesbürger datenmäßig erfassen und überwachen zu können) eine immer größere Geschwindigkeit.

Die bedrohliche Realität

Keiner von uns lebt und entwickelt sich in einem abgeschlossenen, von Macht und Interessen freien Vakuum. Jeder von uns hat sich mit den Zwängen auseinanderzusetzen, die ihm die Natur, seine Mitmenschen, wirtschaftliche, politische und soziale Veränderungen auferlegen und denen er sich auch selbst unterwirft. All die Veränderungen in unserer Umwelt, die sich zu unseren Ungunsten vollziehen, zwingen uns zu fragen, zu denken, zu entscheiden und zu handeln. Der Luxus, sich taub, blind und stumm zu stellen, ist unbezahlbar, da tödlich. Einige beliebig vermehrbare Beispiele:

- Die zur Zeit von uns erlebte dritte technische Revolution (Kybernetik, Automation, Mikroelektronik) führt dazu, daß in immer größerem Tempo dem Menschen vorbehaltene Arbeiten von Maschinen übernommen und Arbeitskräfte entlassen werden. Millionen Menschen werden arbeitslos (bleiben).
- 1980 wurde eine für den amerikanischen Präsidenten verfaßte Studie vorgelegt (Global 2000, 1980), in der 400 Wissenschaftler den voraussichtlichen Stand bei der Bevölkerung, die Versorgung mit Rohstoffen und die Qualität der Umwelt für die Jahrtausendwende hochgerechnet haben: Fast die Hälfte der heute existierenden Wälder dürfte bis zum Jahre

2000 verschwunden sein, es können bis zu zwei Millionen Tier- und Pflanzenarten aussterben, der Großteil des heute fruchtbaren Ackerlandes könnte versalzen und damit Wüste sein. Im Kampf gegen den Hunger in der Welt wird es demnach keine Fortschritte geben. Die Weltbevölkerung werde im Jahr 2000 nur noch wenige Generationen von dem Zeitpunkt entfernt sein, wo sie die Grenze der Belastbarkeit des ganzen Planeten erreicht habe. Die Biosphäre verfügte nur über begrenzte Selbstreinigungs- und Verdünnungskapazitäten gegenüber den enormen Mengen hochgiftiger Zivilisationsprodukte.

- Mit dem ökonomischen Zusammenbruch des Staatssozialismus zerfiel nicht nur eine von militärischen und wirtschaftlichen Blöcken dominierte Weltordnung, sondern zugleich auch durch die sich ankündigenden Öko-Katastrophen der Fortschrittsoptimismus in Ost und West. Der real existierende Kapitalismus zeigt sich nicht in der Lage, für die gesamte Gattung »Mensch« eine lebenswerte Zukunft zu sichern. Über den Weltmarkt kann die globale Mehrheit der Menschen, materiell auseinanderdividiert in Zentren der Kapitalentwicklung und die Peripherie, die vier Fünftel der Weltbevölkerung umfaßt, niemals in einen sozialen Zusammenhang mit ausreichenden Lebensgrundlagen für alle integriert werden. Die Selbstwidersprüche der weltweiten Marktgesellschaft verhindern die für das Überleben der Menschheit dringend notwendigen internationalen Verabredungen zur Abwendung ökologischer Katastrophen. Verbindliche Absprachen kommen nicht zustande, weil ihnen jeweils massive wirtschaftliche Interessen entgegenstehen.
- Es ist Erfahrung, daß jedes politische Regime Opponenten hat oder hervorbringt, die das Regime nicht nur in Teilen, sondern in seinen verfassungsmäßigen Grundprinzipien in Frage stellen. Verständlicherweise wehrt sich dagegen jedes Gemeinwesen. An der Art und Weise jedoch, in der ein politisches Regime seine »Feinde« ausmacht und bekämpft, ist zu sehen, ob Freiheit oder Unfreiheit vorherrschend sind.

Angesichts der Zahlen über die Speicherung von Daten über Millionen von Bundesbürgern im Bundeskriminalamt schrieb der ehemalige Regierende Bürgermeister von Berlin, Pfarrer Heinrich Albertz, im Mai 1979, daß niemand leugnen könne, daß die Bundesrepublik »ein massiver Überwachungsstaat« geworden sei. Er sehe die Gefahr »eines langsam versandenden Freiheits- und Rechtsverständnisses«, »schlimmer Erfolg eines Häufleins terroristischer Gewalttäter« (epd Zentralausgabe Nr. 87 vom 7. 5. 1979, S. 3).

– Anfang April 1979 stellten die Allensbacher Meinungsforscher die Frage: »Haben Sie Vertrauen, daß die Politiker in der Frage für oder gegen Kernkraftwerke die richtige Entscheidung treffen, oder sind unsere Politiker da überfordert?« 50 Prozent der befragten Bürger antworteten mit einem eindeutigen »überfordert«. Nur 29 Prozent der Befragten hatten Vertrauen in die Politikerentscheidung, ein Fünftel mochte sich erst gar nicht zu den Politikerfähigkeiten äußern.

Die regierenden Parteien verweigern die öffentliche richtungsweisende Sachauseinandersetzung über Probleme, die das Leben der Menschen heute und in Zukunft ganz elementar betreffen: über die Frage der Atomkraft, über den Kahlschlag und Raubbau an der Natur, die Vergiftung der Nord- und Ostsee, über die Zerstörung der Landschaft durch Straßenbau, die Vergiftung der Lebensmittel, den rasenden Verbrauch der zu Ende gehenden Energien, die absurde Aufrüstung über jedes militärisch sinnvolle Maß hinaus. Sie scheinen ohne Konzeption zu handeln, einzig darauf bedacht, sich gegenseitig die Wählergunst abzujagen, eingerichtet auf einen Vierjahresrhythmus des Regierens. Konflikte um den Bau umstrittener Großbauwerke werden so gelöst, daß die Betroffenen kaum an der Planung beteiligt und durch den Einsatz von Verwaltungsmaßnahmen und Polizei vollzogene Tatsachen geschaffen werden gegen den Willen der betroffenen Bürger.

Der täglich erlebte Widerspruch zwischen den Erwartungen, die der einzelne an Staat und Gesellschaft hat und der politischen Wirklichkeit rigoroser Interessendurchsetzung durch mächtige gesellschaftliche Gruppen, mit der er täglich konfrontiert wird, bewirkt Betroffenheit, Unbehagen, Verdrossenheit (»Staatsverdrossenheit«) und erzeugt oft genug aktive Bündnisse derjenigen, die sich durch die regierenden Parteien nicht mehr vertreten sehen. Ende 1980 waren schon mehr als fünf Millionen Menschen in Umweltschutzverbänden organisiert, was der fünffachen Anzahl der SPD-Mitglieder entsprach. Immer mehr Menschen ahnen, daß es keiner nuklearen Kriege bedarf, um die Erde unbewohnbar zu machen. Täglich werden uns neue gesellschaftliche Entscheidungsfehler bewußt, wo es um uns selbst geht, ohne daß wir dazu gefragt werden. Einige Stichworte: Datenschutz, Krise der Schulmedizin und Gesundheitsfürsorge, Risiken der Chemie und Pharmaindustrie, Chemie in der Landwirtschaft, Genforschung, Lärmschutz, Abwässerkontrollen. In all diesen Feldern wird Politik als etwas Fremdes, Willkürliches, an mächtigen Interessen Ausgerichtetes, nicht aber als von uns mitbestimmbares Handeln erlebt.

Konflikte

Zur Abwehr der genannten Gefährdungen haben sich Bürgerinitiativen und eine Fülle von politischen Gruppen gebildet, die alle schon durch ihre Entstehung anzeigen, daß sich hier Konflikte ergeben haben, die von den zuständigen gesellschaftlichen Institutionen nicht ausdiskutiert, geschweige denn zur Zufriedenheit aller bewältigt werden können und deren Regulierung sich daher diese konkurrierenden Eliten annehmen müssen.

Von konservativen Kreisen und Parteien wird in der Öffentlichkeit immer wieder gegen eine konfliktorientierte politische Bildung in der Schule und außerhalb der Schule polemisiert, und zwar mit dem Argument, daß diejenigen, die die Konflikte öffentlich machen und sie problematisieren, erst die Konflikte schüfen.

Ihnen muß entgegengehalten werden, daß es keine Gesellschaft und keine sozialen Beziehungen (Verbände, Staaten,

Staatenbündnisse, Organisationen, Ehen, Schulklassen, Jugendgruppen, Arbeitsteams, Freundschaften etc.) ohne Konflikte gibt.

Alle Erwachsenen sind in einer Gesellschaft wie der unsrigen bewußt oder unbewußt in Konflikte verstrickt und von Konflikten betroffen, wozu außer Ehe-, Familien-, Arbeits-, Rollen-, Generations- und Wertkonflikten auch die brennenden sozialen Konflikte im innerstaatlichen wie internationalen (Ost-West-Konflikt, Nord-Süd-Konflikt etc.) Rahmen gehören.

Daß der Konflikt zu den Grunderscheinungsformen menschlichen Lebens gehört, hat vor allem seine Quelle in dem unaufhebbaren Widerspruch zwischen dem Menschen als einem Ich-Wesen, dem es in allererster Linie um sich selbst geht, und dem Menschen als einem gesellschaftlichen Wesen, das mit anderen zusammenleben muß und will und dem es daher um die Regulierung des Verhältnisses zwischen sich und den anderen gehen muß. Dieser Interessengegensatz ist aber zugleich auch ein Motor menschlicher und gesellschaftlicher Entwicklung, der zwar immer neue Konflikte erzeugt, mit ihrer Regulierung aber auch die Weiterentwicklung menschlichen und gesellschaftlichen Lebens befördert (H.-H. Groothoff, in: Wirth 1978, S. 440 f.). Durch Konflikte werden Strukturen deutlich und kommen neue Möglichkeiten in den Blick, die ohne diese Interessenauseinandersetzungen nie erwogen worden wären.

Läßt sich die Erwachsenenbildung auf die alltägliche Lebenswirklichkeit und die sie bestimmenden Konflikte ein, ergreift sie Partei für diejenigen, die in diesen Konflikten den Mächtigen immer schon unterlegen waren und weiterhin unterliegen, stürzen solche sozialen Engagements zumeist die veranstaltenden Institutionen in einen tiefgreifenden Konflikt mit sich selbst, der als inszenierter Konflikt aber auch die Chance des Weiterlernens und Wachstums enthält.

Suche nach Antworten und Perspektiven

Die tägliche Identitäts- und Realitäts-Arbeit, ob ich sie nun alleine für mich selbst zu bewältigen versuche oder Freunde und Fremde dafür in Anspruch nehme, benötigt Perspektiven, schlüssige Antworten auf ständig neu aufbrechende Fragen.

Die Unschlüssigkeit von uns Erwachsenen, die wir zumeist eine berufliche Existenz haben, über die Identitätsformen »Arbeitnehmer«, »Produzent« und »Konsument« hinaus jedoch selten genug eine richtungsweisende Perspektive nennen können, spiegelt sich in der Jugend wider:

Sicherlich ist es immer schon eine der markantesten europäischen und insbesondere deutschen Klagen gewesen, daß die Jugendlichen ohne jegliche persönliche und gesellschaftliche Perspektive seien, daß sie keinen Sinn in ihr Leben zu bringen vermöchten.

Doch wo, außer in der ständigen und alltäglichen Einladung zum Konsum und dem Verweis auf die für das Wirtschaftswachstum und die zum eigenen Lebensunterhalt nötige Lohnarbeit, wird heute ein Daseinssinn erkennbar, ein Lebensziel, das für alle, insbesondere aber für die Heranwachsenden gilt, die immer nur Wohlstand als eine scheinbar natürliche Lebensbedingung erlebt haben?

Heute gibt es Bildungschancen für jedermann, aber viele Schüler, Jugendliche und Studenten sind ratlos, weil sie keinen Sinn mehr in der Plackerei für Ausbildungsabschlüsse, Noten und Examina sehen. Ihr mühsam hergestelltes Arbeitsvermögen scheint keinen Tauschwert mehr zu haben. Sie werden als Arbeitskräfte nicht benötigt. Es gibt keine den Lebensunterhalt sichernde Arbeit für sie. Eine sinnreiche und befriedigende Berufs- und Lebensplanung scheint kaum mehr möglich. Es kann keine längerfristige Lebensperspektive zustande kommen. Krawalle um selbstverwaltete Jugendheime und -zentren (Zürich, Nürnberg) zeigen, welche Ersatzfunktion solche Kommunikationsstützpunkte für arbeitslose und in der Ausbildung befindliche Jugendliche haben.

Die Erwachsenen, allen voran die Politiker, reagieren hart, bestrafen; nur einige wenige deuten an, man müsse mit der Jugend reden, ihnen vermitteln, an welchen sinnvollen »Grundwerten« das Leben der Erwachsenen ausgerichtet sei. Aber gibt es diese Grundwerte, außer in Politikerreden, wirklich, gültig und als Grundrechte durchgesetzt für alle, für ausländische Arbeiter, Sinti und Roma, für Asylanten, für Alte, Behinderte, Frauen, Kinder?

Gibt es einen gültigen, unangetasteten und überall wirksamen Grundbestand sinnstiftender Übereinkünfte und Traditionen?

Jeder von uns wäre überfordert, wollte er in seinem kurzen Leben mit all seinen Abhängigkeiten und Zwängen, Unfreiwilligkeiten und Widersprüchen jeweils für sich und andere selbständig ein Lebenskonzept, einen begründeten Entwurf für ein sinnvolles Leben erarbeiten und in die Tat umsetzen. Wir alle waren und sind in unserer Entwicklung darauf angewiesen, daß es Traditionen lebenswerten Lebens und Vorbilder für gelebten, tatsächlich verwirklichten Sinn gibt. Die meisten überlieferten Einstellungen, Lebensperspektiven und anerkannten Verhaltensweisen sind aber heute in die Krise geraten. Gleichzeitig sehen wir uns vor so vielen unbeantworteten beunruhigenden Fragen, daß wir, ob wir wollen oder nicht, uns selbst Gewißheit über den Sinn des eigenen Lebens und den notwendigen und wünschbaren zukünftigen Weg unserer selbst, unserer Familienmitglieder, unserer Freunde, unserer Gesellschaft im ganzen verschaffen müssen. Wir fragen uns oder werden gefragt:

- Was ist erlaubt (§ 218; Sterbehilfe, Organentnahme bei Toten; Organverpflanzungen; Lügen im Dienste der Allgemeinheit; gerechter Krieg; Gewaltanwendung zugunsten »richtiger« Ziele)?
- Wie lassen sich heute soziale Institutionen, die ihren ursprünglichen Sinn verloren zu haben scheinen, weiterhin begründen (Ehe; privates Eigentum; traditionelles Schulsystem)?

- Wie kann das, was im Interesse aller notwendig ist, gegen den Widerstand mächtiger Nutznießer der kritisierten Zustände realisiert werden (Reinerhaltung der Luft, des Wassers, der Lebensmittel; Erhaltung der Städte; Ursprünglichkeit der Natur; Mitbestimmung am Arbeitsplatz, Demokratisierung aller Lebensbereiche; Abbau der militärischen Zerstörungspotentiale; Schutz der verfassungsmäßigen Bürgerrechte)?
- Was ist die Zukunft unserer Kinder? Werden sie überhaupt noch Arbeit finden? Welche Naturreichtümer und Energien stehen ihnen bei der heutigen irren Verschwendungsrate überhaupt noch zur Verfügung?
- Wie werde ich mein eigenes Sterben erleben? Was wird durch meinen Tod an Zufälligkeiten meiner Entwicklung, an nicht realisierten Lebensplänen und was an wirklich gelebtem Leben beendet?

All diese Fragen und viele andere mehr zielen auf Antworten, da die Herstellung meiner Selbsteinschätzung und die Bewältigung meiner geschichtlichen und umweltlichen Lebensbedingungen auf Verstehen und Sinnzuschreibung angewiesen sind. Hierbei spielen eigene Erfahrungen eine unüberschätzbare Rolle. Sinnerkenntnis macht auf die Abhängigkeit des eigenen Lebens von den politischen Bedingungen und deren notwendige Veränderungen aufmerksam. Sinn gehört nie zur Sache, zum Vorgang selbst. Sinn wird immer beigelegt, so daß ein und derselbe Vorgang dem einen sinnvoll, dem anderen sinnlos erscheint. Die Zuschreibung von Sinn ist ein sozialer Vorgang, ist Ergebnis von Auseinandersetzung, von Deutungsprozessen. Sinn wird mit anderen geteilt. Übereinstimmung muß erlebt, erfahren werden, muß sich im gemeinsamen Leben und Handeln bewähren (Nipkow 1978, S. 49). Sinn muß aktiv erschlossen und ausgehandelt werden. Die Bedeutung für einen selbst, die eigene Betroffenheit muß herausgefunden werden, indem ein Vorgang, eine Sache, eine Einsicht in eine Beziehung zu dem eigenen Lebens- und Gedankenkreis gesetzt wird: »Einen Sinn herausfinden« / »Einen Sinn hineinlegen« / »Das halte ich für sinnvoll« / »Das hat für mich keinen Sinn« / »Das ergibt keinen Sinn« / »Das ist sinnlos« /»Das ist sinnvoll« / »Der langen Rede kurzer Sinn« / ... All diese Formulierungen lassen den Menschen als bewußten Produzenten und Gestalter von Sinn erkennen, der durch sein Nachdenken und sein Handeln Dingen und Vorgängen einen Sinn verleiht, Unsinn in Sinn überführt, Sinnlosigkeit überwindet und das Leben strukturiert.

Verstehen erscheint als Verfahren, den Sinn dessen zu erforschen, den jemand einer Handlung, einem Wort, einer Geste beilegt. Wer etwas verstanden hat, der ändert sich.

Unzureichendes Alltagswissen

Wir alle haben einen Bestand an selbstverständlichem, täglich sich ein wenig veränderndem Wissen, das uns die gesellschaftliche Wirklichkeit und unsere persönlichen Schicksale begreifen läßt. Dieses Alltagswissen erlaubt uns, die tägliche Lebenspraxis zu bewältigen, mit anderen leben, arbeiten und umgehen zu können. Zusätzlich zu seinem eigenen Bestand an Wissen, Einschätzungen und Mutmaßungen benutzt jeder von uns fast täglich die ihm zur Verfügung stehenden Kontakte zu kleineren und größeren Beratungen mit Familienmitgliedern, Freunden, Arbeitskollegen, zufälligen Gesprächspartnern in der Kneipe oder beim Kaufmann, um größere und kleinere Alltagsprobleme angehen zu können. Dabei ist uns allen die unvermeidliche Neigung zu eigen, uns mit unserem jeweiligen Schatz an Alltagswissen, Alltagstheorien und Überzeugungen, also unserer individuellen Art, Realität zu sehen, zu entwerfen, zu erfassen und zu beurteilen, als der rechte Maßstab zu fühlen.

Diesen Maßstab haben wir im Laufe unserer Lebensgeschichte als inneres Konzept, das man auch als Wirklichkeitsauffassung, Realitätsauffassung, Weltbild, Lebenskonzept, Bezugssystem, Bedeutungsraum oder Wirklichkeitsstruktur bezeichnen kann, entwickelt. Dieses Konzept (vgl. S. 70 f.) läßt uns die Wirklichkeit mit Hilfe von Kriterien und Wahrnehmungsgewohnheiten sehen und beurteilen, deren Raster uns infolge seiner langsamen Veränderungen nahezu unwandelbar und konstant erscheint. In unserer Auffassung von der Wirklichkeit, unserem Handeln in ihr und unserem Bewußtsein lassen wir uns sehr oft von in der Kindheit verinnerlichten Normen und Reaktionsmustern leiten, die uns in ihrem Ursprung gar nicht mehr bewußt sind, uns aber im täglichen Leben oft eher hemmen als fördern. So belasten wir uns oft selbst mit Schuldgefühlen im Hinblick auf längst vergangene Dinge oder lassen uns von Dritten Schuldgefühle einflößen, ohne zu merken, daß wir so nur besser *ihren* Interessen entsprechend handeln. Wir durchschauen nicht, wer alles in unserer Kindheit (Eltern, Lehrer, religiöse Erzieher) und heute daran interessiert sein konnte und noch interessiert ist, uns über Schuldgefühle emotional manipulieren zu können.

Diese Realitätsauffassungen haben sich in der persönlichen Lebensgeschichte als einer Entwicklungsgeschichte herausgebildet. Sie geben uns Sicherheit. Wird die gewohnte Realitätsauffassung in Frage gestellt, gerät die gewohnte Welt ins Wanken. Es entstehen Ängste als Ausdruck einer tiefen existentiellen Verunsicherung. Jeder von uns sucht sich in seelischen Zonen zu bewegen, die ein gewisses Maß an Geborgenheit und Angstfreiheit gewähren. Daher entwerfen und bewerten, verdrängen und beleuchten wir unsere Realität jeweils so, daß wir uns sicher und beheimatet fühlen können. Zerschlägt nun die tatsächliche Wirklichkeit unsere geliebten, aber falschen Bilder von dieser Wirklichkeit, geht unsere Realitätsauffassung verloren. Damit wird aber nicht nur diese benötigte Geborgenheit in Frage gestellt, sondern gleichzeitig werden oft tiefsitzende Ängste vor dem Zerfall, ja der Auslöschung des Selbst belebt. Daher ist es verständlich, daß jeder von uns so absolut an seinen Realitätsentwurf gebunden ist. Er macht, auf unsere Person bezogen, unsere Identität aus, mit deren Verlust wir unsere Existenz aufzugeben scheinen (Moeller 1979, S. 11 f., 23, 25).

In Orientierungskrisen geraten wir aber auch in all den privaten und öffentlichen Lebenssituationen, in denen das Zunehmen eklatanter Widersprüche im gesellschaftlichen Leben, das

Absterben vermeintlich grundsätzlich hilfreicher Traditionen die alten Wissenselemente, das vorrätige Alltags- und Lebensbewältigungswissen plötzlich und unwiederholbar zu Makulatur werden lassen. Auch die Unterhaltungen mit Freunden und Bekannten erweisen sich als unzureichend, die benötigten neuen Antworten auf völlig neue Fragen zu finden, zu eng sind die Probleme und Schicksale des einzelnen mit denen der Gesellschaft verknüpft. Es gibt keine Idylle, von der aus man mit ruhiger Distanz und gänzlich unberührt mitverfolgen könnte, wie die Ausbreitung der kapitalistischen Warenproduktion über die ganze Erde die letzten vorhandenen Naturgüter in einem immer schnelleren Tempo verbraucht und alle menschlichen Lebensgrundlagen und Selbstverständnisse nur noch unter den Gesichtspunkten von Wirtschaft, Leistung und Herrschaft gelten läßt.

Mit wem berät sich die berufstätige Mutter, die sich durch die ihr zugewiesene Doppel- und Dreifachrolle familiärer und beruflicher Pflichten in längst überwunden geglaubte Abhängigkeits- und Unterdrückungsverhältnisse gestürzt sieht? Am Arbeitsplatz, in der Familie gegenüber ihrem Mann, ihren Kindern, in der Freizeit und in der Kommunikation mit Freunden und Nachbarn – überall werden Verständnis, Zuwendung, Leistung erwartet. Wo bleibt sie selbst mit ihren Problemen?

Wie soll sich ein Lehrer verhalten, der sich unter dem Druck der Eltern, der Schulaufsicht, der Kollegen, der Lehrpläne und Stundentafeln, der Verwaltungsbestimmungen, der Schüler, der öffentlichen Diskussion täglich parteilich entscheiden muß? Tritt er für die Schüler ein, drohen Schwierigkeiten mit den Eltern oder den Kollegen. Befolgt er aber deren Ratschläge und mindert er die Risiken, verrät er die Interessen der Schüler.

Wie geht es dem Pfarrer? Soll er den Interessen seiner Vorgesetzten, der Kerngemeinde und deren Krisenbewußtsein folgen oder das tun, was in einer bestimmten Situation und unter einem bestimmten Leidensdruck geschehen muß, auch wenn es nicht dem kirchlichen Stil oder den Frömmigkeitsvorstellungen bestimmender kirchlicher Gruppen und Kreise entspricht?

Wie finden wir alle die Kraft, »inmitten von Rassismus, Brutalisierung und Erniedrigung von Menschen zu leben und uns mit diesen Problemen auseinanderzusetzen, ohne vom Gewicht dieser Probleme erdrückt zu werden«? fragte der kanadische Erzbischof Scott vor dem Zentralausschuß des Weltkirchenrats im Januar 1979 (epd-Zentralausgabe Nr. 2 vom 3. 1. 1979).

Orientierungslosigkeit wird individuell besonders stark empfunden, wenn jemand als Erwachsener in eine Krise gerät, die ihn nicht nur in seinem Nachdenken unaufhörlich – und darin in allem lähmend – beschäftigt, sondern sogar so stark körperlich belastet, daß er sich von heute auf morgen zum Kranken degradiert sieht (Magen- und Herzschmerzen, Unruhe, Unwohlsein, Schlaflosigkeit). Besucht er einen oder mehrere Ärzte, stellt sich heraus, daß die Interpretation dieser Störungen als physische Krankheiten des Körpers eher die Angst vergrößert, die die Wurzel der Leiden bildet. Verständigt er sich mit anderen über seine Beschwerden, stellt er häufig fest, daß fast niemand von Störungen dieser Art frei ist und daß jeder von Grund auf lernen muß, solche körperlichen Fluchtbewegungen auszuhalten. Aus seinen eigenen Erfahrungen und den Berichten Dritter ergibt sich die Einsicht, daß solche (neurotischen) Störungen aus einem Konflikt, oder öfter, aus einer Gesamtheit von untereinander verbundenen Konfliktsituationen entstehen, die dadurch bestimmt sind, daß zwischen verschiedenen und ganz widersprüchlichen Forderungen gewählt werden muß, die von den äußeren Umständen und den eigenen inneren Ansprüchen (Konflikte zwischen dem Unterdrückungs- und Freiheitsanspruch, zwischen dem Akzeptieren und der Tendenz zur Verweigerung) gestellt werden (Jervis 1978).

In Verhältnissen, die als unterdrückend empfunden werden, leben zu müssen, ohne sich von der erfahrenen Unterdrückung befreien zu können, verursacht Unbehagen und Leiden. Dies herauszufinden, sich Klarheit und Bewußtsein über die eigenen Bedürfnisse und die Quelle des Unbehagens zu verschaffen, die notwendigen Entscheidungen zu treffen und sich mit anderen zu gemeinsamem Handeln zu verständigen, all das ist aus dem vorhandenen Routinewissen und den bislang lebensgeschichtlich entwickelten Erfahrungs- und Beurteilungsmustern nicht möglich.

Es entstehen mit einem Mal Beratungs- und Lernerfordernisse und -bedürfnisse, um sich das für die Bewältigung der von Konflikten und Störungen geprägten Lebenspraxis benötigte Wissen und Verstehen zu besorgen.

Der »klassische« Weg in unserer durch und durch kommerzialisierten Dienstleistungsgesellschaft besteht in der Regel darin, ein professionelles Beratungsangebot (Arzt, Gesprächstherapeut) gegen Bezahlung wahrzunehmen oder Bücher zu kaufen, in denen Wege beschrieben werden, wie aus solcher Hilflosigkeit herauszufinden ist. Das Gespräch mit einem fachlich ausgebildeten Berater oder die Lektüre eines Buches kann nützlich sein, doch macht beides den einzelnen oft genug zum Objekt von Belehrungen, ihn, der zum Subjekt der hier notwendigen Einsichten, Entscheidungen und Verhaltensänderungen werden muß.

Wie kann ich mein Lernen selbst organisieren und selbst bestimmen?

Ich kann mich Dritten anschließen, die Ähnliches vorhaben (angebotene Gesprächskreise in der Erwachsenenbildung) oder selbst Leute zusammenbringen, um gemeinsam mit ihnen etwas über mich selbst und anzustrebende Problemlösungen herauszufinden.

Erwachsenenbildung als Begleitung zur alltäglichen Lebenspraxis

Daß Kinder lernen gilt als selbstverständlich. Wenn wir Erwachsenen gezielt etwas erlernen, dann gilt das schon als besondere Sache, als Anstrengung, die uns Nutzen oder Spaß bringen muß. Wir wollen die damit verbrachte Zeit gegen etwas Sinnvolles, etwas Brauchbares, Wichtiges, Schönes und Interessantes eintauschen. »Dafür ist mir die Zeit zu schade« heißt, daß wir uns schwer tun, uns für Kurse der Volkshochschule,

Vortragsabende der Kirchen, Informationsveranstaltungen der Gewerkschaften und der vielen Bürgerinitiativen und Aktionsgruppen zu interessieren, einen oder mehrere Abende zu opfern, Lernarbeit und unerwartete und ungewohnte soziale Erfahrungen auf uns zu nehmen.

Ich möchte Sie in diesem Buch dazu anregen, Erwachsenenbildung ganz selbstverständlich immer wieder als begleitende Praxis zu Ihrer allgemeinen und alltäglichen gesellschaftlichen Lebenspraxis, als unentbehrliche Unterstützung bei der Beantwortung brennender Fragen im Hinblick auf Sie selbst und Ihre Umwelt, als Ort sozialer Anerkennung, als Hilfe zur Selbsthilfe in Anspruch zu nehmen. Sehen Sie im Leiter und den übrigen Teilnehmern Begleiter, Weggefährten und eine Art Seilschaft auf dem mitunter recht verschlungenen steilen Weg, sich selbst zu finden und zwischen sich und Ihrer Umwelt eine sinnvolle Beziehung herzustellen. In der gezielt gesuchten und zum Teil selbst organisierten Lernarbeit mit anderen zusammen können Sie Hilfen finden, die täglichen sozialen Erfahrungen benennen, ordnen, bewerten und auf ihre Bedeutung für Ihre eigenen Entscheidungen und Ihr eigenes Handeln prüfen zu lernen.

Dies alles geschieht in einem geschützten Rahmen: manchmal spielerisch, zumeist ernsthaft, mit erlaubten Irr- und Umwegen des Herausfindens. Falsche oder halbrichtige Arbeitsergebnisse werden nicht bestraft. Noten gibt es nicht. Sitzenbleiben kann niemand.

Ich denke an eine Erwachsenenbildung, die von Formen des Lebensvollzuges (Praxis im weiteren Sinne) ausgeht, sie bearbeitet, neue Erfahrungen mit Konsequenzen für das tägliche Handeln ermöglicht und so wieder in die Lebenspraxis einmündet. Da die Alltäglichkeit ernstgenommen wird, können die beteiligten Erwachsenen ihre im Denken, Fühlen und Handeln bearbeitete Lebenswelt in der Form von Erfahrungen als »ihre Praxis« einbringen. Ganz bewußt wird eine Verbindung zwischen gestern und morgen, Vergangenheit und Zukunft durch das Heute hergestellt (vgl. Hernandez 1977, S. 48). Es wird Praxis erinnert, bearbeitet, dabei wird neue Praxis versucht;

dies alles, um den morgigen Tag anders zu bestehen, um sich in der unbekannten Zukunft eine verantwortete, bewußte Praxis zu ermöglichen:

Eine Hausfrau hat sich von einer Freundin überreden lassen, an einem Wochenendseminar für Frauen teilzunehmen. Sie hält sich anfangs gänzlich aus den Gesprächen heraus. Sie wartet ab. Sie ist ängstlich. Daß sie sich bereit erklärt hat, mitzufahren, war das Ergebnis langer Überlegungen. Ihr Mann war dagegen, da er eine Einschränkung seiner Bequemlichkeit fürchtete.

Sie erlebt ganz neue Formen des Miteinanderumgehens, des Aussprechens von Gefühlen und Erfahrungen. Getragen von dem starken Vertrauensverhältnis in der Gruppe traut sie sich, erst stockend, dann mit starken Empfindungen (Weinen), nachher ganz sachlich und systematisierend, über die Abhängigkeit von ihrem Mann zu berichten. Sie stößt auf Anteilnahme, erlebt »offene Ohren« (was sie nie geglaubt hätte); als sie wieder weint, setzen sich die Nachbarinnen eng zu ihr, reden zärtlich beruhigend auf sie ein und erzählen von eigenen Erfahrungen mit familiärer Abhängigkeit.

Die Erfahrung ist für sie völlig überraschend und eröffnet mehrere Handlungsmöglichkeiten gleichzeitig: »Ich werde noch morgen meinem Mann widersprechen . . . Ich werde ein grundsätzliches Gespräch mit ihm suchen . . . Ich werde mich mit den anderen Frauen vom Wochenende verständigen können . . . Ich glaube, daß ich ein Stück weiterkommen werde . . .«

Die Gruppe hatte in der Hausfrau verkümmerte, da bislang nie in Anspruch genommene Kräfte und Vorstellungen von Selbstbestimmung und Eigenverantwortung aktiviert. Die Gruppe hatte sie politisiert, indem sie den Schleier des »Natürlichen« von ihren als bedrückend empfundenen Lebensbedingungen und Abhängigkeiten gezogen hatte.

Erwachsenenbildung als »Hilfe zur Selbsthilfe«?

Die Hilfe, die diese Frau von der Gruppe erwartete und erhielt, entsprach ihrem Bedarf. Da die übrigen Frauen ihre Zuwendung und ihr helfendes Gespräch aus eigener Selbstbetroffenheit anboten, kam es zu keiner Über- und Unterordnung von Helfer und Hilfsbedürftigem. Ich meine, daß »Hilfe zur Selbsthilfe« als Abstimmung von Bedarf und Angebot, von Bedürfnissen und Handeln so selbstverständlich, ohne Pathos und so taktvoll nur auf der Basis von Selbstbetroffenheit geschehen kann. Wenn »Hilfe« so oft zur Manipulation und Gängelei desjenigen verkommt, dem geholfen werden soll, so hat das damit zu tun, daß die Motivation des sozialen Helfers, Pädagogen und Experten häufig genug aus seinen eigenen Bedürfnissen entspringt, mit den Interessen der Hilfsbedürftigen nicht übereinstimmt oder ihnen sogar widerspricht. Die Vorstellung, es gebe nun einmal »passive Gruppen«, die sich ganz und gar nicht selbst helfen könnten, ist die Lieblingsargumentation aller versorgenden, verwaltenden und regierenden Experten, mit der sie ihre eigene Macht zementieren (Schmidbauer 1977).

Wie kann dann »Hilfe zur Selbsthilfe« von »Hilfe zur Manipulation von Hilfebedürftigen« unterschieden werden, wie kann der ständigen Expertenversuchung, andere erst einmal »in den Griff« (Polizeisprache) zu bekommen und dann fest »bei der Stange zu halten« widerstanden werden?

Es liegt an *Ihnen*, was *Sie* selbst wollen! Es liegt an Ihnen, ob Sie typische Erwachsenen-Lehrer akzeptieren, die in autoritärer Weise von ihnen selbst ausgewähltes Wissen weiterleiten. Es liegt an Ihnen, ob Sie sich passiv damit abfinden, Objekt von Belehrung zu sein oder ob Sie offene Lerngelegenheiten fordern und selbst zu gestalten beginnen, in denen es »Lehrer« gibt, die beim Lehren lernen und »Schüler«, die beim Lernen lehren.

Erwachsenenbildung als Auslegung unserer Lebenswirklichkeit

Derjenige Mensch, von dem ich in der kurzen Spanne unserer gemeinsamen Arbeit und mehrjährigen Freundschaft am meisten gelernt habe, war Martin Stallmann, Professor für Religionspädagogik in Göttingen. Er hat sich als Theologe ein ganzes Berufsleben lang mit der Auslegung und Erklärung biblischer Texte beschäftigt. Der Pädagoge Martin Stallmann forderte, die Erwachsenenbildung habe die Lebenswirklichkeit des Erwachsenen auszulegen, zu erklären und damit für den einzelnen verfügbar zu machen. An die Stelle des »auszulegenden Textes« der Theologen oder Philosophen trete die Lebenssituation des lernenden Erwachsenen, seine Erfahrungen in und mit seiner Lage, sein widerspruchsloses Bewußtsein von dieser Wirklichkeit, seine Unfähigkeit, sich der dauernd erfahrenen Unfreiheit und Gängelung zu erwehren oder sich auch nur zu artikulieren (Stallmann/Harrach/Meueler 1977).

Im theologisch-philosophischen Sprachgebrauch bedeutet »Hermeneutik« Auslegen, Verstehen und Begreifen eines Textes in einem anderen historischen, sozialen und kulturellen Zusammenhang mit dem Ziel, daraus auch für die gegenwärtige Situation gültige Aussagen zu gewinnen. In der Auslegung des Erwachsenenlebens kann dieses Moment der Übertragung fehlen, wenn der Betreffende seine eigene Situation begreift, zur Sprache bringt und sich damit ein Stück weiterhilft. »Einst« und »jetzt« werden aber auch hier zusammen gesehen, wenn es darum geht, die eigene, unter Umständen weit zurückliegende Geschichte der Entstehung eigener Einstellungen, Denk- und Verhaltensweisen zu begreifen, um aus der Analyse und Kritik unablässiger Wiederholungen von typischem Verhalten (»Wiederholungstäter«) Entscheidungen in bezug auf Verhaltensänderungen zu treffen.

Die Auslegung richtet sich – grob gesehen – auf ein untrennbar Doppeltes: auf mich selbst und die Realität außerhalb meiner selbst, in die ich unentrinnbar eingebunden, deren Teil ich bin.

Für jeden von uns ist es selbstverständlich, daß Selbstreflexion der ständig neue, darin alltägliche Versuch ist, über sich selbst nachzudenken, sich der eigenen Absichten des Denkens und Handelns zu vergewissern, um im Dickicht sozialer Anforderungen und Bezüge mich selbst, die eigene Identität immer wieder auszumachen und durchzuhalten.

Im gezielten, d. h. methodisch ganz bewußt strukturierten

Gruppengespräch kann diese Selbstreflexion zum einen im Austausch mit anderen bestätigt und korrigiert werden. Zum anderen kann sie mit Wissen über den gesellschaftlichen Bedingungszusammenhang meines Lebens verbunden werden, womit ich über den objektiven Gehalt meiner individuellen und bislang nur subjektiv interpretierten Situation und Erfahrungen aufgeklärt werde (Behrendt/Groesch o. J., S. 103 f.).

Zurück zu Martin Stallmanns Satz, daß der auszulegende »Text« der Erwachsenenbildung die Lebenswirklichkeit der Erwachsenen sei:

In beiden Fällen, der Auslegung biblischer Texte im Rahmen christlicher Verkündigung und verstehender Erschließung beispielsweise im Religionsunterricht, wie im Falle der Auslegung und Interpretation von Lebenswirklichkeit, geht es um die Herstellung von Sinn und gleichzeitig um Verstehen und zukünftiges Handeln.

Welchen »Sinn das Ganze hat«, steht nicht schon vor der Auslegung der Lebenswirklichkeit fest, da es keine dogmatisch gesicherten Wahrheiten in Form feststehender Antworten auf nie erneuerte Fragen gibt, mit denen die Betroffenen eingedeckt werden. Der Sinn wird gemeinsam unter kritischer Sichtung der Tradition produziert oder verfehlt; er ist Ergebnis unablässiger und immer neuer Suchbewegungen aller Beteiligten und wird nicht fertig abgepackt vom erwachsenen Lehrer an erwachsene Schüler verteilt.

Die Redewendungen »das hat keinen Sinn für *mich*« oder »das erscheint *mir* nicht sinnvoll« machen deutlich, daß der Sinn, der einem Vorgang, einer Erläuterung, einem Handeln beigelegt wird, immer mit der eigenen Identität zusammenhängt. Der Bezug zum eigenen Leben bestimmt die Sinnermittlung. Da das eigene Leben aber immer schon von Konflikten, von Apathie, Hilflosigkeit und Sprachlosigkeit belastet ist, kommt es entscheidend darauf an, daß alle am Gespräch Beteiligten ihre eigene Situation »zur Sprache bringen« und im Dialog mit anderen gemeinsam zu bearbeiten lernen. Dieses »Zur-Sprache-Kommen« ist zugleich Medium und Absicht, Weg und

Ziel aller Bildungsarbeit, Voraussetzung für alles Handeln, das den Alltag verändert.

Die Auslegung geschieht nicht um ihrer selbst willen, sondern zur Erklärung und Abschätzung meiner Bedingungen, der Ausgangslage meines Handelns. Sie zielt auf bewußtes Sein desjenigen, der nicht einfach etwas erkennt, sondern auch weiß, daß und was er erkennt (Freire 1980, S. 29).

2 Ziele und Inhalte Ihres Lernens

Im ersten Kapitel ging es um die Notwendigkeit gezielten Lernens, um individuelle Lernbedürfnisse und gesellschaftliche Lernerfordernisse, die unabhängig vom Bewußtseinsstand eines jeden einzelnen von uns, nicht aber unabhängig von Ihrem und meinem Geschick und unserer Zukunft bestehen. In diesem Kapitel geht es darum, wie ich mein Lernen (und Leben) als Subjekt planen und gestalten kann:

- Welche Interessen und Bedürfnisse habe ich?
- Kann ich sie verwirklichen?
- Mit welchen Bedingungen und Schwierigkeiten muß ich mich auseinandersetzen, wenn ich versuche, meine Interessen wahrzunehmen?
- Inwieweit kann mir das Gespräch mit einer Gruppe dabei nützlich sein? Wie erreiche ich sie?
- Gibt es entsprechende Arbeitsangebote in der institutionellen Erwachsenenbildung (VHS, Kirchen, Gewerkschaften) oder bei politischen Gruppierungen?

Vielleicht gehören Sie zu denjenigen, die schon öfter mal hingegangen sind oder regelmäßig Kurse besuchen. Vielleicht aber gehören Sie zur großen Gruppe derjenigen, die sich diese Erfahrungen – vielleicht aus schlechten Erinnerungen an die eigene Schulzeit – bisher vorenthalten haben, und die sich mit der Lektüre dieses Buches einen Ihnen noch ungewohnten Erfahrungsbereich vorsichtig erschließen wollen.

Erwachsenenbildung macht klug oder borniert

Es kann sein, daß Sie z. B. an einem Kurs über die japanische Blumenbindekunst (Ikebana) teilnehmen, um Ihr Zuhause wohnlicher und gemütlicher zu gestalten. Es kann aber auch sein, daß der Besuch des Ikebana-Kurses für Sie nur den Einstieg bedeutet. Die Teilnahme an dieser Veranstaltung kann Ihren Wunsch signalisieren, mit anderen Menschen zusammenzukommen, etwas zu erfahren und zu erlernen, was Sie noch nicht können. Sie wollen Ihre Lebensmöglichkeiten erweitern: zum Leben benötigen Sie Nahrung, Kleidung, Wohnung, Sicherheit, aber auch soziale Kontakte, Erfahrungen mit sinnvoller und erfolgreicher Zusammenarbeit, wirkliche Muße, Entspannung, Spiel, konzentrierte Betätigung, die nicht nur dem Broterwerb dient, kulturelle, kreative und moralische Aktivitäten. Sie haben das Bedürfnis, geliebt und anerkannt zu werden. Sie suchen Freiheit, Gerechtigkeit, Gleichheit und Wissen. Es gibt radikale Bedürfnisse in Ihrem Leben und gleichzeitig die tägliche Erfahrung der faktischen Ohnmacht, die Sie zwingt, Ihre Bedürfnisse ganz und gar auf das *wirklich* für Sie Realisierbare zu beschränken, um nicht das für die Bewältigung des täglichen Lebens benötigte Mindestmaß an Zufriedenheit zu verlieren. Vielleicht gehören Sie wie die meisten von uns zu den Unentschlossenen zwischen Vorangehen und Zurückweichen, die auf Befreiung aus vielen als bedrückend empfundenen Abhängigkeiten hoffen, ohne sie aber selbst realisieren zu wollen. Sie möchten nicht nur vorgefertigte Güter, Freuden, Dienstleistungen und Vergnügungen konsumieren, sondern etwas erleben, was Ihre Phantasie herausfordert, Sie moralisch bewegt und für Sie Sinn ergibt. Sie wollen das Chaos der alltäglichen Zumutungen meistern und Ihr eigenes Leben in der Beziehung zu Ihrer Umwelt und zur Natur so harmonisch und intensiv wie möglich gestalten.

Ich kann in diesem Buch nicht mehr tun, als Ihnen sagen, daß Sie bei sich selbst und im Zusammenschluß mit anderen Fähigkeiten und Kompetenzen entdecken können, die die immer wieder beklagte Ohnmacht Lügen strafen und Erlebnisse eigener Kraft ermöglichen. Sie sind verantwortlich für Ihre eigenen Entscheidungen. All die Klagen über die sich ständig verschlechternde Qualität von Luft, Wasser und Lebensmitteln nützen nichts. In diesen Klagen äußert sich Ihre Sehnsucht nach mehr Lebensqualität und bei aller Resignation doch noch ein erfreuliches Maß an Unzufriedenheit und Sich-nicht-abfinden-Wollen. In all dem Beklagten handelt es sich um Ihre eigenen Angelegenheiten, Ihre ureigenen Interessen, um deren Einlösung sich niemand kümmert, wenn *Sie* es nicht *selbst* tun. Ihre Interessen haben mit Ihrem Wissen, Ihren Gefühlen, Ihrem Verstand, Ihren Empfindungen, aber auch mit Ihrem Handeln, Entscheiden und Planen zu tun. Horchen Sie sich um, welche Gruppen, Kreise und Bürgerinitiativen sich aktiv um eine Verbesserung alltäglicher Lebensbedingungen bemühen oder setzen Sie sich mit Freunden zusammen, um gemeinsam die Quelle Ihrer Ärgernisse zu erforschen, Wissen über diesen Gegenstand zusammenzutragen, das Problem zu analysieren, Schritte zu einem gemeinsamen Handeln auszudenken und tatsächlich selbst politisch aktiv zu werden.

Die Motive, die Sie und mich zum gemeinsamen Lernen mit anderen veranlassen, reichen vom gezielten Erwerb von Fertigkeiten und Fähigkeiten, aber auch von Einsamkeit, Langeweile, Grundbedürfnissen nach Geborgenheit, Annahme, Anerkennung, gesprächsweiser Selbstbestätigung und Beratung, Sicherheit, Überschaubarkeit, Beschützt- und Begrenztheit des eigenen Lebensraums, Bestätigung durch eine soziale Gruppe bis hin zu Leistungsmotivationen, lustbetonten Erwartungen, selbst etwas tun zu dürfen, Bedürfnissen, neue und anregende, aufregende Leute kennenzulernen und Bedürfnissen, sich in einer als angenehm und befriedigend erlebten Umwelt aufzuhalten.

Dies ist alles legitim. Gleichwohl muß meiner Ansicht nach Erwachsenenbildung als Begleitung zur allgemeinen Lebenspraxis mehr leisten als nur verständliche und zufällige individuelle Alltagsbedürfnisse in der Form eines gut funktionierenden und preiswerten Dienstleistungsbetriebes mit kulturellem Anspruch zu befriedigen.

Es gibt auch Interessen und Bedürfnisse, z. B. etwas zu erfahren, Bescheid zu wissen, nicht belogen zu werden, klar zu sehen, die Ihnen bisher noch gar nicht deutlich bewußt geworden sind, und sich eher in bösen Ahnungen, Gefühlen von Niedergeschlagenheit und Bedrückung ausgedrückt haben. Sie haben zu tun mit den von Ihnen erlebten Abhängigkeiten von Personen und Institutionen, haben zu tun mit all den bedrohlichen Entwicklungen, von denen ich einige im ersten Kapitel (vgl. S. 30 ff.) angedeutet habe. Bezogen auf diese Überlebensprobleme hat eine selbstbestimmte und an den gesellschaftlichen Lernnotwendigkeiten orientierte Erwachsenenbildung eine unverwechselbare Überlebensfunktion für die Gesellschaft. Hier ist sie mehr als ein Erholungspark, eine Fluchtmöglichkeit für Leute der Mittelschicht, mehr als ein Fest und freundschaftlicher Treff. Es gibt – und diese Feststellung betrifft sowohl Sie als bisherigen und zukünftigen »Teilnehmer«, wie Sie, den interessierten pädagogischen Mitarbeiter in der Erwachsenenbildung – gesellschaftliche Lernerfordernisse, die so drängend sind, daß sie einfach bearbeitet werden *müssen*, auch wenn sie bisher nur bei wenigen Lern- und Handlungsbedürfnisse ausgelöst haben: z. B., daß das Überleben der Erdbevölkerung unter möglichst menschenwürdigen Bedingungen durch Bevölkerungsexplosion, Nahrungsmittel- und Wasserverschwendung, Raubbau an Rohstoffen, Zerstörung der Biosphäre und das Ausbleiben internationaler Gegenmaßnahmen bedroht ist.

Sie selbst und Ihre Umwelt als Thema

Was immer Sie mit anderen zusammen erforschen und erlernen wollen, Sie sollten immer daran denken, daß Sie selbst das Subjekt, der Veranstalter dieses Lernens bleiben wollen, auch wenn Pädagogen und andere Fachleute beteiligt sind. Halten Sie das Interesse durch, daß das angestrebte Lernen auch Ihrer persönlichen Entwicklung und den eigenen Handlungsfähigkeiten dienen soll. Bei allem, was an Wissenswertem und Analyse der gesellschaftlichen Rahmenbedingungen geboten wird, sollten die Sie selbst betreffenden Elemente der Lernarbeit nicht außer acht geraten. Passen Sie nicht auf, werden Sie auch hier wie überall sonst in der Gesellschaft wieder zum Objekt von Fremdbestimmung gemacht und Forderungen ausgesetzt, die

Anpassung an die Erwartungen, das Bewußtsein Dritter oft unter Streß fordern und erzwingen. Informationsüberflutung kann auch zur Überforderung führen. So können Sie bei den Versuchen, wieder zu sich selbst zu kommen, in den von außen gesetzten Aufgaben, Handlungsvorschlägen und Verhaltensanforderungen sich selbst verloren gehen.

Der Anspruch, Herr und nicht Knecht, Subjekt und nicht immer nur Objekt all der vielfältigen, verwirrenden und widersprüchlichen, individuell wie gemeinsam mit anderen zu bewältigenden privaten und politischen Situationen sein zu wollen und zu können, kann nicht ohne Selbstvergewisserung im Hinblick auf die eigenen Interessen, Stärken und Schwächen auskommen. Er kann aber auch nicht ohne Kenntnis der gesellschaftlichen Bedingungen, Antriebe und interessengeleiteten Prozesse, die mit anderen zusammen erforscht und zur Grundlage eigener und gemeinsamer Entscheidungen gemacht werden müssen, realisiert werden.

Sie entschließen sich, an Ihrer eigenen Sensibilisierung und Bewußtwerdung mitzuarbeiten: Bewußtsein ist bewußtes, durchdachtes, bewußt gemachtes Sein, Leben, Existieren, als einzelner und mit anderen zusammen. Bewußtwerdung ist Durchdenken der das eigene und das gemeinschaftliche Leben bestimmenden Wirklichkeit und der diese Wirklichkeit beherrschenden Interessen und Prozesse. Ihr Interesse an Informationen und Analyse zielt auf Verstehen, auf Bedeutung und Sinn dessen, was ist, wie es entstanden ist und wie es sein könnte. Der Gegenstand des Nachfragens sind Sie selbst, die anderen Menschen um Sie herum und all das, was Sie alle zusammen unter den heutigen Lebensbedingungen mit sich und der Natur vorhaben.

Dazu seien einige grundsätzliche Anmerkungen erlaubt:

– Ihnen geht es in erster Linie um sich selbst. Sie erleben immer wieder Krisen, kommen mit Rollen nicht zurecht, die Sie freiwillig oder unter mehr oder weniger starkem Druck von außen angenommen haben. Sie verspüren das Bedürfnis, intensiver über sich selbst Bescheid wissen zu wollen und erwarten von ehrlichen Gesprächen mit anderen Beratung, Entscheidungshilfen, Annahme, Bejahung Ihrer selbst, Lob, Bestätigung und gleichzeitig die Form von freundlich gemeinter Kritik, die wirklich weiter hilft. Kritik, wie sie in der folgenden persischen Geschichte gegeben wird:

Der lange Weg

In der persischen Mystik wird von einem Wanderer erzählt, der mühselig auf einer scheinbar endlos langen Straße entlangzog. Er war über und über mit Lasten behangen. Ein schwerer Sandsack hing an seinem Rücken, um seinen Körper war ein dicker Wasserschlauch geschlungen. In der rechten Hand schleppte er einen unförmigen Stein, in der linken einen Geröllbrocken. Um seinen Hals baumelte an einem ausgefransten Strick ein alter Mühlstein. Rostige Ketten, an denen er schwere Gewichte durch den staubigen Sand schleifte, wanden sich um seine Fußgelenke. Auf dem Kopf balancierte der Mann einen halbfaulen Kürbis. Bei jedem Schritt, den er machte, klirrten die Ketten. Ächzend und stöhnend bewegte er sich Schritt für Schritt vorwärts, beklagte sein hartes Schicksal und die Müdigkeit, die ihn quälte.

Auf seinem Wege begegnete ihm in der glühenden Mittagshitze ein Bauer. Der fragte ihn: »Oh, müder Wanderer, warum belastest du dich mit diesen Felsbrocken?« – »Zu dumm«, antwortete der Wanderer, »aber ich hatte sie bisher noch nicht bemerkt.« Darauf warf er die Brocken weit weg und fühlte sich viel leichter. Wiederum kam ihm nach einer langen Wegstrecke ein Bauer entgegen, der sich erkundigte: »Sag, müder Wanderer, warum plagst du dich mit dem halbfaulen Kürbis auf dem Kopf und schleppst an Ketten so schwere Eisengewichte hinter dir her?« Es antwortete der Wanderer: »Ich bin sehr froh, daß du mich darauf aufmerksam machst; ich habe nicht gewußt, was ich mir damit antue.« Er schüttelte die Ketten ab und zerschmetterte den Kürbis im Straßengraben. Wieder fühlte er sich leichter. Doch je weiter er ging, um so mehr begann er wieder zu leiden. Ein Bauer, der vom

Feld kam, betrachtete den Wanderer erstaunt: »Oh, guter Mann, du trägst Sand im Rucksack, doch was du da in weiter Ferne siehst, ist mehr Sand, als du jemals tragen könntest. Und wie groß ist dein Wasserschlauch – als wolltest du die Wüste Kawir durchwandern. Dabei fließt neben dir ein klarer Fluß, der deinen Weg noch weit begleiten wird!« »Dank dir, Bauer, jetzt merke ich, was ich mit mir herumgeschleppt habe.« Mit diesen Worten riß der Wanderer den Wasserschlauch auf, dessen brackiges Wasser auf dem Weg versikkerte, und füllte mit dem Sand aus dem Rucksack ein Schlagloch. Sinnend stand er da und schaute in die untergehende Sonne. Die letzten Sonnenstrahlen schickten ihm die Erleuchtung: Er blickte an sich herab, sah den schweren Mühlstein an seinem Hals und merkte plötzlich, daß der Stein es war, der ihn so gebückt gehen ließ. Er band ihn los und warf ihn, so weit er konnte, in den Fluß. Frei von seinen Lasten, wanderte er durch die Abendkühle, eine Herberge zu finden.

(Peseschkian 1977, S. 191 f.)

Die Geschichte scheint zu schön, um wahr zu sein. Die fortschreitende Ent-Lastung dieses schwer Beladenen, sein gerader Weg zum Glücklich- und Unbelastetsein sind in unserer komplizierten Welt schwieriger und komplizierter. Das aber verbindet das Heute mit dem Damals, daß jeder von uns eine Fülle hausgemachter Leiden, veränderbarer falscher Verhaltensweisen, durch nichts als Gewöhnung zu rechtfertigende Einstellungen mit sich herumschleppt und jeder von uns anderer Menschen bedarf, die einem mit freundlicher Zuwendung und solidarischer Kritik die Augen für das öffnen, was es zu verlernen und abzuwerfen gilt.

Dies geschieht mal im privaten Freundeskreis, häufig in Gesprächskreisen der Erwachsenenbildung. Aber: Die Fragen danach, wie ich mit meinen Stärken und Schwächen, meinem Fühlen, Denken und öffentlichen wie privaten Handeln entstanden bin, wie ich mich selbst sehe, wie ich auf andere wirke, wohin ich will und welche erlernten und fest verinnerlichten Denk- und Verhaltensformen mich bei meinem zukünftigen Weg eher behindern als befördern, sind alle nicht beantwortbar, wenn ich nicht folgende Einsicht ernstnehme: Der Mensch ist in seinen Handlungen, Wünschen, Absichten und Konflikten vor allem das Produkt seiner Gesellschaft. Subjekt seines Lernens und Lebens kann er nur werden, wenn es ihm gelingt, die ihn bestimmenden Bedingungen und fremden Interessen zu erkennen und gemeinsam mit anderen Selbstorganisation und Selbstbestimmung praktisch ein Stück weit einzulösen. Daß dies grundsätzlich möglich ist, drückt sich in der Möglichkeit der Wahl zwischen unterschiedlichen und entgegengesetzten Möglichkeiten des Handelns aus: Der einzelne und eine Gruppe von Gleichgesinnten können sich zum Subjekt der Situation machen, wenn sie sich selbst und die eigene Freiheit, entscheiden zu können, ernstnehmen und sich aktiv um ein einheitliches Verhalten in der betreffenden Situation bemühen. Nur ist es leider so, daß die Situation, in der entschieden werden muß, nicht immer klar ist, die Bedingungen der Wahl sehr widersprüchlich sind und sich der einzelne, bzw. eine Gruppe sich dazu gedrängt finden, auf verschiedene und untereinander unvereinbare Weisen zu handeln. Es entsteht eine Konfliktsituation, die Konfliktängste (Wiederbelebung frühkindlicher Bestrafungsängste) auslöst.

Wenn es dem einzelnen bzw. der Gruppe gelingt, gegenüber der Situation, in der er bzw. die Gruppe sich befindet, mit Klarheit *eine* Verhaltensweise zu wählen, dann kann er/sie wegen der herannahenden Bedrohung normal ängstlich oder angespannt sein. Er bzw. die Gruppe befindet sich dann jedoch nicht im Konflikt, da sie eine Verhaltensweise vor sich haben, deren sie sicher sind. Am schwierigsten sind jedoch die allzu häufigen Situationen zu bewältigen, in denen man sich angesichts akuter Entscheidungen oder Bedrohungen nicht ganz im klaren darüber ist, was man tun soll und starke Antriebe empfindet, sich sowohl im einen als auch im anderen Sinne einzulassen. In dem Augenblick, wo man beabsichtigt, eine eigene Verhaltenslinie festzusetzen, kämpfen in einem die unterschiedlichsten praktischen und moralischen Ansprüche und Instanzen und lassen Leidensdruck entstehen. Dieser Leidensdruck, oft als neurotische Ängste erlebt, ist ein Spiegel der gesellschaftlichen Widersprüche. In Unterdrückung zu leben, ohne sich von ihr befreien zu können, das verursacht Unbehagen und Leiden. Wird dieses Unbehagen individualistisch ausgelebt, entsteht oft das Gefühl zu ersticken, keine weiteren Möglichkeiten mehr zu haben. Dieser Leidensdruck als Konsequenz ungelöster und nicht klar wahrgenommener Konflikte zwischen widersprüchlichen Ansprüchen, zum Beispiel zwischen dem Unterdrückungs- und dem Freiheitsanspruch, zwischen dem Akzeptieren und der Tendenz zur Verweigerung, kann erst verschwinden, wenn über die eigenen Bedürfnisse/Interessen und die Ursachen und Bedingungen der empfundenen Unterdrückung Bewußtsein und Klarheit hergestellt wird und sich diese Klarheit in persönliche Entscheidungen und ein gemeinsames politisches Handeln der Betroffenen umsetzen kann (Jervis 1978, S. 320 ff.).

Hier kommen wir alle ohne Beratung mit anderen Menschen nicht weiter.

– Diese Beratung geschieht gewiß nicht immer in den Formen, die Sie aus der Verbraucher- oder Versicherungsberatung kennen. Sie geschieht oft genug allein schon durch die körperliche Nähe eines anderen, bei dem Sie Offenheit und Aufgeschlossenheit wahrnehmen. Die von Ihnen benötigte Bestätigung wird oft schon durch ein entsprechendes Lächeln sichtbar, einen Handschlag fühlbar, durch einen Ausdruck der Zustimmung und des Zuhörens hörbar, ja selbst in kritischer Zurückweisung und Widerspruch als Interesse an Ihnen erkennbar. Das, was Sie vorbringen, wird unterstützt, zurückgewiesen, bezweifelt, ergänzt, von anderen verdeutlicht. Sie entwickeln beim Sprechen Gedanken, auf die Sie alleine für sich nie gekommen wären. Die anderen merken an Mimik, Bewegung, Gestik, Stimmklang, wie stark bewegt oder kühl Sie sind, beziehen dies in ihre Reaktionen ein, kombinieren auseinanderliegende Äußerungen und bringen eigene, hier hilfreiche Lebenserfahrungen, Verstehensgewohnheiten und theoretische Einsichten von Dritten ein. Der Selbsterfahrungsbericht, die Selbstthematisierung ohne anekdotische Pointe werden nicht als Wichtigtuerei (»Als wenn das jemand interessieren würde ...«) diffamiert, sondern als Deutungs- und Erklärungshilfen direkt gefordert.

– Das Sicheinlassen auf die Realität drängt immer nach einem Sicheinmischen, Parteiergreifen. Jeder von uns hat schon als Kind (in Auseinandersetzungen mit den Eltern, den Lehrern, anderen Erwachsenen) gelernt, daß bei Interessendurchsetzungen immer die Machtfrage gestellt wird. Da dieses so frühzeitig erworbene Konfliktwissen im späteren Leben immer wieder bestätigt wird, halten sich die meisten Menschen tunlichst aus allem heraus, was Ärger geben kann, sprich: wo die eigenen Bedürfnisse und Interessen mit ungleich mächtigeren Interessen zusammenstoßen und schon von vornherein feststeht, daß sie unterliegen werden.

Diese Einstellung führt sehr oft dazu, daß man »die da oben« das ihrige tun läßt, so lange es nicht den existientiell bedeutsamen Kern der eigenen Interessen betrifft: »Laßt sie doch jeden Bewerber für den öffentlichen Dienst aufs peinlichste durchleuchten, ich bin ja kein Kommunist ...! Laßt sie doch Waffen produzieren und aufrüsten, wie sie wollen. Die müssen schon wissen, was sie tun ...! Laßt sie doch Atomkraftwerke bauen wie sie wollen, Hauptsache, ich wohne nicht direkt daneben ...! Laßt sie doch jedweden mit Hilfe umfassender Datenüberwachung kontrollieren; ich habe ja keinen Dreck am Stecken ...!«

All diejenigen, die so denken, lügen sich in die eigene Tasche: Niemand von uns kann sein eigenes Leben unbeschadet von gesellschaftlichen Entwicklungen führen. Und diese Entwicklungen verlaufen nicht naturwüchsig, wie sich Regen aus Verdunstung, Wolkenbildung und Wolkenbewegung ergibt oder wie der Herbst dem Sommer folgt. Gesellschaftliche Entwicklungen haben immer mit Machtkonstellationen und Herrschaft zu tun: Macht und Ohnmacht, Herrschaft und Untertänigkeit, Entwicklung und Unterentwicklung, all diese gesellschaftlichen Erscheinungen hängen wie siamesische Zwillinge zusammen. Das eine ist jeweils ohne das andere nicht denkbar. Daraus folgt: Niemand von uns lebt auf einer Insel der Glücklichen. Jeder von uns ist in die gesellschaftlichen Prozesse einbezogen, und darum gibt es auch keine Arbeit an dem eigenen Ich, der eigenen, persönlichen Entwicklung, der eigenen Identität, die von Bezügen zu anderen Menschen, zur gesellschaftlichen Realität absehen kann. Ganz verkürzt formuliert: Identitätsarbeit ist nötig, um Realitätsarbeit leisten zu können – und umgekehrt.

– Viele Veranstalter sind bisher nicht gewohnt, »Kopf und Bauch« zusammen und aufeinander bezogen das Lernen Erwachsener bestimmen zu lassen: Die ältere Erwachsenenbildungsveranstaltung war vom Vortrag bestimmt, vermittels dessen das, was der Vortragende in seinem Ringbuch als Wissen und Redekonzept notiert mitbrachte, nachher von den Zuhörern im eigenen Ringbuch mit nach Hause genommen wurde. Lehren wurde vor allem als Übergabe fertig verpackten Wissens an den Zuhörer verstanden, ganz gleich, ob er das Gelehrte verarbeiten, verstehen und mit seinem Leben verbinden konnte. Eine Veranstaltung galt dann als gelungen, wenn der Dozent den Eindruck hatte, daß die Menge des Gelernten von der Menge des Gelehrten nur unwesentlich abwiche. Als im Gegenzug gegen die intellektualisierte und aller Gefühls- und Beziehungsarbeit beraubten Erwachsenenschule der Schatz der Alltagserfahrungen beim Hörer bzw. Teilnehmer entdeckt wurde, begann man vielerorts, die Veranstaltungen mit Kommunikationsspielen zu füllen, ohne sich der Anstrengung auszusetzen, das zum Thema vorhandene oder zu erforschende gesellschaftliche Wissen zu beschaffen, zu systematisieren und spiralig mit den Alltagserfahrungen der Beteiligten ins Spiel zu bringen.

Beide Formen sind meines Erachtens mangelhaft: Jede in der Erwachsenenbildung zur Verhandlung stehende Lebenssituation wird ebenso durch die objektiven gesellschaftlichen Bedingungen wie durch die individuelle Erfahrungs- und Verhandlungskapazität der am Lernen beteiligten Personen konstituiert. Erwachsenenbildung verdummt, wenn sie nicht wissenschaftlich ausgerichtet ist. Damit meine ich zum einen, daß der Erwachsene sich hier üben sollte, methodisch exakt und für Dritte Schritt für Schritt nachvollziehbar und damit auch kritisierbar Wissen, Fähigkeiten und Fertigkeiten zu erarbeiten. Zum anderen geht es um die Einsicht, daß die wissenschaftliche Erkenntnis kein Selbstzweck ist, sondern daß die Wissenschaft als ein aus der gesellschaftlichen Praxis erwachsendes, sich ständig weiter entwickelndes System von Erkenntnissen über die Natur und die Gesellschaft eine soziale Funktion hat, die jeder von uns zur Erkenntnis und wachsenden Beherrschung der natürlichen und sozialen Umwelt in Anspruch nehmen kann.

Die Inanspruchnahme wissenschaftlichen Denkens und wissenschaftlicher Erkenntnisse erfordert kritische Umsicht:

Einerseits bleiben z. B. in der Familienbildung alle wissenschaftlichen Aussagen über die Situation von Kindern in der Bundesrepublik so lange abstrakt, solange sich die beteiligten Eltern nicht mit ihrer eigenen familiären Lebenssituation und ihren typischen Erziehungsschwierigkeiten in die Aufarbeitung des Problemzusammenhangs einbringen. Die selbst erzeugten und bei den Kindern erlebten Kommunikationsprobleme zwischen alt und jung, die familiären Konflikte, die als falsch empfundene traditionelle Rollenverteilung zwischen Vater und Mutter müssen zum Thema werden, sonst springt kein Funke über. Geschieht dies, erweist sich, daß nicht die Kinder, sondern die Erwachsenen selbst als unentwegte Anfänger im nie erlernten Beruf »Eltern« zur Debatte stehen.

Wenn andererseits ohne gründliche inhaltliche Vorbereitung irgendeines Verantwortlichen oder einer Vorbereitungsgruppe und ohne Rückgriff auf vorhandenes, kritisch systematisiertes Wissen zu den verhandelten Themen lediglich Mutmaßungen und Ideen zur familiären Erziehung ausgetauscht werden, kann es passieren, daß je nach vorhandenen Erfahrungen und Denkmustern der Beteiligten auch objektiv Falsches gesprächsweise von allen bestätigt wird.

– Mich selbst und meine Umwelt zum Thema des Erforschens und Nachdenkens zu machen, heißt vor allem auch, lebensgeschichtlich zu denken: Wo komme ich her mit meinen Lebensbedingungen, meinem Fühlen, Denken, meinen Verhaltensweisen, meinen Deutungsmustern, meinen Eigenarten, Stärken, Schwächen, typischen Fluchtbewegungen? Inwieweit waren meine Eltern bei der Ausprägung meiner Lebens- und Verhaltenskonzeption bestimmend? Welche Leistungsnormen habe ich verinnerlicht, die sie hochhielten? Bin ich der nachdenkliche Herr dieser Normen oder ihr streßgeplagter Knecht?

Welche Erlebnisse und Entscheidungen waren in meinem bisherigen Leben besonders wichtig für mich? Welche meiner früher unter ganz anderen Bedingungen getroffenen Entscheidungen kann, will und werde ich wieder rückgängig machen? Kann ich mein jetziges Selbstkonzept in einem Satz oder einigen Stichwörtern zum Ausdruck bringen? Was will ich am meisten? Was will ich unter keinen Umständen? Wann und wem gegenüber sage ich endlich mal »Nein!«? Wann weise ich eine Zumutung zurück? Wann und wem gegenüber bin ich emotional ehrlich?

– Begriffe wie »Volks-Bildung« und »Arbeiter-Bildung« signalisierten die moralische Absicht liberalen Bürgertums, den nicht Latein verstehenden Massen in »populärer Form« (populus = lat. Menge, niederes Volk) Bildungsgüter zukommen zu lassen, die bislang immer nur der eigenen Klasse vorbehalten waren. Immer noch gibt es klassenspezifisches Wissen, das nicht allen zugänglich ist. Es wird von Experten aller Wissenschaften in Fachsprachen gehortet, um es nur gegen ansehnliche Honorare, Berufsehren und Einfluß portionsweise abzugeben. Erfreulicherweise gibt es unter ihnen aber immer mehr, die ihr Fachwissen Bürgerinitiativen politisch zur Verfügung stellen und es sowohl in populären Schriften wie in sonstiger Bildungsarbeit zugänglich machen.

Wenn Sie selbst und Ihre Lerngruppe etwas herausfinden wollen, beginnen Sie doch damit, in eigener Initiative die in Ihrer Nachbarschaft, Ihrer Stadt, der Umgebung, an Hochschulen und Spezialinstituten vorhandene Sachkompetenz zu nutzen.

Versäumen Sie aber gleichzeitig nicht, das Naheliegendste, das Sie bislang vielleicht gar nicht der Aufmerksamkeit wert gehalten haben, des Entdeckens und Nachdenkens für würdig zu halten. Ich meine Ihren Alltag.

»Alltag« ist die normale alltägliche Lebenspraxis eines jeden von uns im Wechsel von Wachen und Schlafen, Arbeit und Konsum, Spaß und Ärger, Erfolgen und Niederlagen, Muße und Streß. Sie ist bestimmt durch die Routine täglich wiederkehrender Verrichtungen und Lebensäußerungen (denken Sie nur einmal an das täglich gleiche Ritual der Morgenwäsche).

Zum anderen meint »Alltag« die uns prägende Kraft des Gewöhnlichen, des gesellschaftlich Vorgegebenen, die Wiederkehr des immer Gleichen.

»Alltag« meint sowohl den Reichtum sozialer Beziehungen als Ausgangsbasis und Ziel gesellschaftlicher Veränderungen, wie auch die Beschränkung auf atomisierte, oft unbegriffene und routinemäßig erfaßte Ausschnitte der Wirklichkeit, all den »bornierten tagtäglichen Kram« (vgl. Behrendt/Groesch o. J., S. 166 f.).

Um sich den Alltag ein wenig ins Gedächtnis zu rufen, schlage ich Ihnen vor, sich entspannt zurückzulehnen und sich einige der fast immer unbewußt verlaufenden Alltagshandlungen zu vergegenwärtigen:

Ich nehme einen ganz normalen Tag, einen Dienstag beispielsweise, und überlege mir, an welchen Orten ich mich den Tag über aufhalte und was ich dort jeweils tue.
Wann stehe ich morgens auf und was tue ich als erstes?
Was tue ich bis mittags? Was davon tue ich gerne, was ist für mich wichtig?
Was tue ich davon ungern? Was davon ist für mich völlig unwichtig?
Was tue ich nachmittags und wo?
Was tue ich in der Regel abends?
Wie ist das mit dem Freitagnachmittag und -abend?
Was geschieht in der Regel am Samstag?
Was rechne ich zur Arbeitszeit und was zur Freizeit?
Was interessiert mich in der ganzen Woche am meisten?
Was langweilt mich in der ganzen Woche am stärksten?

Was sind meine wesentlichsten Ansprüche an den Alltag? Welche davon sind allem Anschein nach nicht realisierbar? Warum nicht?
Welche sind mit etwas Mühe realisierbar? Wer hilft mir dabei? Wann beginnen wir damit?

Selbstbestimmtes Lernen sucht den Weg aus Abhängigkeiten

Wir leben in einer Männergesellschaft, nach deren Auffassung die Selbstverwirklichung und gesellschaftliche Funktion der Frau darin besteht, dem Manne Kinder zu schenken und ihm eine wohlgeordnete Haushaltsführung zu garantieren. Für viele gilt immer noch die Meinung des französischen Philosophen Rousseau, die Frau sei von Natur aus dazu bestimmt, dem Manne zu gefallen und ihm untertan zu sein: »Sei schön und halt den Mund!«

In der feministischen Bewegung der letzten Jahre formulierten die Frauen ihr Bedürfnis nach Überwindung der traditionellen Rollenzuschreibung und Getthoisierung der Frau. Sie streben nach Anerkennung, die ihnen bisher vorenthalten wurde, und erheben Anspruch auf alle Privilegien einer Männerwelt. Ich kenne keine bessere Veranschaulichung für die Verbindung von Identitäts- und Realitätsarbeit. Hier hat sich eine breite politische Kultur mit eigenen Gruppen, Zeitschriften, Büchern, Musik und Theater entwickelt, für die es keine Vorbilder gab, wie man sich aus der Situation einer unterprivilegierten gesellschaftlichen Gruppe heraus redend und handelnd in die soziale und politische Öffentlichkeit, vor allem aber in die praktische Offensive wagt. Diese breite Bewegung steht unter der Perspektive der im Begriff »Emanzipation« in den letzten Jahren als Wort verschlissenen, in der Sache aber zunehmend heftiger verhinderten Befreiung von gesellschaftlichem Gezwungen- und Geschundensein. »Befreiung«, dieser politische Programmbegriff wird in der bundesrepublikanischen pädagogischen wie politischen Arbeit immer wieder mit Gewalt und Terrorismus in Zusammenhang gebracht und damit grundsätzlich diskreditiert. Andere lassen erkennen, daß ihrer Meinung nach dieser Begriff für die Bundesrepublik keinerlei Relevanz habe. Schließlich leben wir doch «im freien Teil Deutschlands, im freiheitlichen Westen, überhaupt in der besten aller Welten, dem freiheitlichsten Staat, der je auf deutschem Boden bestanden habe«. Für nicht-deutsche, kritischere Zeitgenossen ist dagegen »Befreiung« ein nie einzuholender politischer Programmbegriff.

So ist für Julius K. Nyerere, den Staatspräsidenten von Tansania, Erwachsenenbildung »eine hochpolitische Tätigkeit: Ihr ›Ziel‹ ist die Befreiung des Menschen von den Behinderungen und Beschränkungen durch Unwissenheit und Abhängigkeit. Alle Bildungsaktivitäten sind dazu da, die physische und geistige Freiheit der Menschen zu erweitern – Kontrolle über sich selbst, über ihr eigenes Leben und über die Umgebung, in der sie leben, weiter auszubauen. Die Ideen, die durch Bildung vermittelt oder freigesetzt werden, sollten daher den Charakter von Befreiung haben; die Fertigkeiten, die man im Bildungsprozeß erreicht, sollten der Befreiung dienen. Nichts anderes kann eigentlich Bildung genannt werden. Unterricht und Lehre haben nichts mit Bildung zu tun, wenn sie Sklavenmentalität oder das Bewußtsein von Unfähigkeit entwickeln – sie bedeuten dann vielmehr einen Angriff auf Geist und Haltung der Menschen.

Das heißt, Erwachsenenbildung muß darauf ausgerichtet sein, den Menschen dabei zu helfen, sich selbst zu entwickeln. Sie muß dazu beitragen, daß der Mensch seine Fähigkeiten in jede Richtung hin erweitert . . . Sie muß den Menschen dabei helfen, klar zu denken . . . Der Mensch entwickelt sich nicht in einem Vakuum, in der Isolation von seiner Gesellschaft und von seiner Umgebung, und er kann ganz gewiß nicht von anderen entwickelt werden. Das Bewußtsein des Menschen entwickelt sich durch das Denken, Entscheiden und Handeln. Seine Fähigkeiten werden im Vollzug verschiedener Tätigkeiten entwickelt.

Aber tätig werden heißt mit anderen zusammenarbeiten; denn in der Isolation ist der Mensch physisch tatsächlich hilflos und geistig wirkungslos.«

Bildung, die der Befreiung dient, bedeutet, fähig zu werden »zur Zusammenarbeit der Menschen untereinander, denn nur in der Zusammenarbeit mit anderen kann sich der Mensch von den Zwängen der Natur und von den Zwängen, die ihm durch seine Mitmenschen auferlegt werden, befreien«. Bildung ist daher äußerst »personenbezogen in dem Sinn, daß sie eine persönliche Erfahrung sein muß – kein einziger Mensch kann sein Bewußtsein in Stellvertretung entwickelt bekommen. Aber es handelt sich dabei auch um einen Akt von großer sozialer Bedeutung; denn der Mensch, den Erziehung und Aufklärung befreien, lebt in einer Gesellschaft, und diese Gesellschaft wird von der Veränderung betroffen, die die Bildung in ihm bewirkt ...

Wenn Erwachsenenbildung ... einen Beitrag zur Entwicklung leisten soll, muß sie selbst Bestandteil des Lebens sein – in das ganze Leben integriert und untrennbar damit verbunden. Erwachsenenbildung ist nicht etwas, das man in einen Kasten packen und nur für gewisse Zeiten des Tages oder der Woche hervorholen kann – oder auch nur für gewisse Zeitabschnitte im Leben eines Menschen. Und man kann sie auch nicht anderen aufzwingen. Jeder Lernende ist schließlich ein Freiwilliger, weil ja nur er selbst lernen kann, wieviel man ihn auch immer lehren mag ...

Erwachsenenbildung wird also Veränderungen in den Menschen und in der Gesellschaft hervorrufen oder fördern. Ja, Erwachsenenbildung soll sogar Veränderungen unterstützen, ebenso, wie sie gleichzeitig den Menschen hilft, sowohl die Veränderungen zu kontrollieren, die sie selbst bewerkstelligen, als auch die Veränderungen, denen sie aufgrund der Entscheidungen anderer Menschen oder aufgrund von Naturkatastrophen ausgesetzt sind. Außerdem aber bedeutet dies, daß Erwachsenenbildung das ganze Leben umfaßt und auf dem aufbauen muß, was bereits existiert ...

Erwachsenenbildung schließt alles ein, was die Verständnisfähigkeit der Menschen erweitert, was sie aktiviert und was ihnen hilft, ihre eigenen Entscheidungen zu treffen sowie diese Entscheidungen selbständig auszuführen . . .«

(Nyerere 1977, S. 71–75)

Parteinahme für den geschundenen Bruder und die vergiftete Natur

Sie gehören vielleicht zu den (all zu wenigen) 16 Prozent der Bundesbürger, die sich als sozial aktiv (sieben Prozent), politisch aktiv (sechs Prozent) oder in beiden Bereichen (drei Prozent) aktiv verstehen. Laut einer Untersuchung des sozialwissenschaftlichen Instituts der Bundeswehr (SOWI), die am 10. März 1981 vorgelegt wurde, lehnen 50 Prozent der Bundesbürger die Forderung nach politischem oder sozialem Engagement ab. Weitere 20 Prozent stimmten der Forderung zwar zu, seien aber weder engagiert noch zu Aktivitäten bereit. 14 Prozent hätten sich zum Zeitpunkt der Befragung zum Engagement bereit erklärt, seien jedoch derzeit nicht aktiv. Der Vorsitzende der Deutschen Vereinigung für politische Bildung, Clemens Lessing, kommentierte die Ergebnisse der Studie: Es habe kaum eine Phase in der Bundesrepublik gegeben, in der politische Bildung so notwendig gewesen und so wenig von den Politikern unterstützt worden sei wie heute (Frankfurter Rundschau vom 11. 3. 1981, S. 4).

Politische Bildung ist in der Erwachsenenbildung nicht nur *ein* Arbeitsbereich, sondern *alle* Erwachsenenbildung ist seit ihren historischen Anfängen (Arbeitervereine und Arbeiterbildungsvereine) bis heute politische Bildung, in der immer wieder neu entschieden werden muß, für wessen Interessen sie stattfindet, ob und inwieweit das alltägliche politische Erwachsenenleben zum Gegenstand kritischer Information und Aufklärung gemacht oder zugunsten scheinbar unpolitischer Themen und Aktivitäten verdrängt wird und für welche Ziele und wen Partei ergriffen werden soll.

Parteinahme erweist sich in der Lernarbeit dort, wo man es beispielsweise alten Menschen zutraut, an ihrer eigenen Bewußtwerdung, ihrer Information, ihrem Bescheidwissen und dem Erkennen ihrer Altersprobleme und ihrer Aufgaben sowie der um sie herum sich verändernden Umwelt selbständig und erfolgreich arbeiten zu können.

Parteinahme bedeutet aber vor allem auch, den Seminarraum zu verlassen, um für die Würde des Menschen, die Unverletzlichkeit seiner Grundrechte, für die Entfaltung seiner individuellen und gesellschaftlichen Möglichkeiten und die Einlösung seiner Hoffnungen und Sehnsüchte einzutreten. Dies bedeutet gleichzeitig, die Ursachen und Verursacher von Unterentwicklung, Gewalt, organisierter Friedlosigkeit, unbestrafter Willkür einst und jetzt beim Namen zu nennen. Es geht darum, gemeinsam mit anderen Gruppierungen daran zu arbeiten, daß gesellschaftlicher Gewalt und der pausenlosen Verletzung von Menschenrechten hier bei uns wie sonstwo, im Nahbereich wie in den Ländern der sogenannten Dritten Welt, gewehrt wird. Es geht um Bündnisse mit den Opfern.

Informierte und politisch engagierte Gruppen und Einzelpersonen versuchen seit Jahrzehnten auf die Ausplünderung der »3. Welt«, die Gefahren des Wettrüstens, die Endlichkeit der Rohstoffe und Energien hinzuweisen und zur Umorientierung im politischen Handeln aufzurufen – bislang mit wenig Erfolg. Betroffenheit war und ist mit den Methoden bloßer Information und moralischer Appelle bei der Mehrheit der Bevölkerung nicht zu erreichen.

Die *hergestellte* Gleichgültigkeit und Resignation wird zur Zeit aber überall gestört. Immer mehr Bürger erkennen, daß eine Politik der »Sachzwänge« (z. B. in Sachen Energiebedarf und Energiedeckung) immer neue Risiken (Lagerung des Atommülls; Vergiftung von Wasser, Luft, Boden, Lebensmitteln) erzeugt. Die bislang gut funktionierende Unterscheidung zwischen »linken Chaoten«, »Systemüberwindern« und rechtschaffenen Bürgern gelingt nicht mehr, wenn z. B. im Widerstand gegen den Ausbau des Flughafens Frankfurt (»Startbahn

West«) Kommunalpolitiker der CDU, DKP, SPD und FDP eng zusammenarbeiten und Bündnisse mit all denjenigen schlossen, die sich mit einer weiteren Zerstörung der Umwelt und Minderung der Lebensqualität im Frankfurter Raum nicht abfinden wollten. Hier standen mit einem Mal Bürger aller politischen Schattierungen zusammen, wehrten sich gegen eine konkrete elementare Bedrohung ihres Lebensraums und ließen sich dabei auch nicht von einem formaldemokratisch korrekt zustandegekommenen und durch Verwaltungsgerichtsurteil bestätigten politischen Beschluß beirren.

Ein solch lebhafter Prozeß politischer Selbstfindung und Selbstbehauptung irritiert die Politiker.

In den Bürgerinitiativen wird intensiver als in vielen Volkshochschulen gelernt. Hier finden unübersehbar vielfältige, lebhafte und kreative Lernprozesse dazu statt, warum, in welche Richtung und auf welche Weise der weiteren Zerstörung der Umwelt Einhalt geboten werden kann und muß. Alternativen zum alltäglichen Trott der in ihrem Konsum und ihren Abfällen erstickenden Überflußgesellschaft werden gesucht und erprobt.

Diese Selbstorganisation notwendigen Lernens durch Informationsbeschaffung, Aufklärung und politische Aktion wird von den Verwaltern politischer Macht als Bedrohung empfunden.

Hier ist ein von den Politikern und deren Verwaltungen nicht geplanter gesellschaftlicher Lernprozeß in Gang gekommen, von dessen Fortschreiten es abhängt, ob es möglich sein wird, Lebensformen zu finden, in denen nicht länger die Belange der Ökologie in selbstmörderischer Weise denen der Ökonomie untergeordnet werden.

3 Eigene Erfahrungen und Expertenwissen

In der klassischen Vortrags-Veranstaltung gibt der Redner bereits ausgearbeitete Erkenntnisse an die Zuhörer weiter, ohne in der Regel zu wissen und zu berücksichtigen, was diese zum Thema schon wissen.

Sie haben es in der Hand, nicht nur als pädagogischer Mitarbeiter, sondern als »schlichter Teilnehmer« der Erwachsenenbildung, diesen unbefriedigenden Weg der Vermittlung vorweg fabrizierter Weisheiten zu verlassen. Da niemand allwissend, aber auch niemand unwissend ist, sollten Sie den Schatz Ihrer Zufallserkenntnisse und Ihres Spezialwissens über sich selbst und Ihre Realität mit dem Reichtum anderer zusammen ins Spiel bringen. Treten Sie der Realität kritisch, das heißt ordnend, analysierend, unterscheidend, bewertend gegenüber und versuchen Sie, sich bei dieser permanenten Beschäftigung mit der aufgegliederten Realität, Ihrem Leben, Ihrer Arbeit und deren Bedingungen zum Zwecke verbesserter Alltagspraxis der vorhandenen Kompetenzen Dritter zu vergewissern. Treten Sie in einen Dialog mit ihnen ein, dessen Thema die Realität Ihres Lebens ist. Beginnen Sie gemeinsam mit anderen – unter ihnen nach Bedarf oder Zufall auch ausgewiesene Fachleute – gemeinsam zu lernen und zu lehren, durch gemeinsame Erkenntnis und Wiedererkenntnis (vgl. Freire 1980, S. 43).

Wie dieses geschehen kann und welche Formen, Möglichkeiten und Grenzen die wechselseitige Inanspruchnahme bestimmen, behandelt dieses Kapitel.

Ihr innerer Maßstab, die Welt wahrzunehmen

Die subjektive Sicht der Welt, so wie ich sie erlebe und an ihr teilhabe, ist unauflöslich verbunden mit der objektiven Realität, die außerhalb meines Bewußtseins und unabhängig von ihm besteht und auf mich einwirkt. In meinem alltäglichen Leben, mit meinem Verhalten als bewußtem und unbewußtem Tun nehme ich Anteil an dieser objektiven Wirklichkeit, in der es gesetzmäßige Abläufe und Prozesse ganz unterschiedlicher Art gibt. Nehme ich diese nicht wahr, setze ich mich mit ihnen nicht bewußt auseinander, kann ich auch nicht verantwortlich mit ihnen umgehen.

Die Wahrnehmung geschieht nun nicht so, daß sich die Umwelt in mir wie auf einem unbelichteten Film abbildet. Es ist nicht so, daß äußere Daten in mir auf einen passiven Organismus treffen, von welchem sie aufgenommen und mir bewußt gemacht werden, sondern es ist vielmehr so, daß die Wahrnehmung unserer selbst und der uns umgebenden Realität ein aktiver Denkvorgang, ein Urteilsvorgang ist, der die einkommenden Wahrnehmungsdaten als Informationen in eine bestimmte Ordnung bringt und gliedert.

Dies wird aus der Redewendung deutlich, daß man eine Wahrnehmung »macht«, also produziert, dies durch gezielte Auswahl aus der Fülle aller der Wahrnehmung zur Verfügung stehenden Anschauungen und Daten.

Da sich die Wahrnehmung während jeder Beobachtung äußerst aktiv verhält, gezielt auswählt und auswertet, muß ein Interesse vorausgesetzt werden, aus der Überfülle des Sichtbaren, Hörbaren und Fühlbaren das auszuwählen, worauf es mir positiv oder negativ ankommt, was mit mir im guten oder schlechten Sinne zu tun hat.

Es ist anzunehmen, daß es in jedem von uns ein inneres Kategoriensystem gibt, das die Auswahl während der aktiven Wahrnehmung bestimmt. Es besteht aus bestimmten Erwartungen, Beurteilungsgesichtspunkten, die, durch Erfahrungen gewonnen, von der bisherigen Lebens- und damit Lerngeschichte des Beurteilenden abhängig sind. Jeder hat im Laufe seiner Lebensgeschichte einen solchen inneren Maßstab entwickelt, die Realität wahrzunehmen, zu gliedern, zu erfassen, zu beurteilen und neu zu entwerfen. Heute wird er vielfach als alltägliches Bewußtsein bezeichnet. Es sei ein Geflecht aus Wissen, Einsichten, Erkenntnissen und Einstellungen, das sich seit der frühesten Kindheit in bewußten und unbewußten Lernprozessen herausgebildet habe. Es werde lebenslang revidiert, gleichzeitig verfestige es sich und stehe jeder neuen Information als eigenständiges Bezugssystem gegenüber.

Andere sprechen von »Deutungsmustern« als individuellen Interpretationen von Realität, die unser Verhalten bestimmen und subjektiven Sinn stiften, die also dazu verhelfen, sich im Leben zurechtzufinden. Sie haben nicht nur Wissensgehalte, sondern sind fest verknüpft mit ganzheitlichen, insbesondere auch stark gefühlsbezogenen Erfahrungen.

M. L. Moeller (1979) benutzt zur Kennzeichnung dieses Sachverhaltes eines inneren Konzepts, eines Weltbildes und Lebenskonzepts, eines Bezugssystems und Bedeutungsraums den Begriff der »Realitätsauffassung«: Die jeweilige Realitätsauffassung sei in der persönlichen Entwicklungsgeschichte des einzelnen stets in der konkreten Beziehung zu einer Elternfigur erfahren worden. Der Entwurf der Realität geschehe mit dem Ziel, daß sich der einzelne beheimatet fühlen wolle, womit jede unserer Realitätsauffassungen einer Form der Geborgenheit und Angstfreiheit entspreche. Jeder von uns sei absolut an seinen Realitätsentwurf gebunden – gleichgültig, wie dieser im einzelnen ausgestaltet sei –, weil er uns auch vor der Angst, ausgelöscht, nicht mehr existent zu sein, bewahre. Da unsere Realitätsauffassung, auf unsere Person bezogen, unsere Identität ausmache, müßten wir alle um unserer Existenz willen an ihr festhalten.

Nehmen Sie Ihre Erfahrungen ernst

Schulen und Hochschulen stehen außerhalb des Alltagslebens. Obgleich sie durch die Vermittlung gesellschaftlich für notwendig erachteter Einstellungen, Fähigkeiten, Kenntnisse und Fertigkeiten auf das Leben vorbereiten sollen (»Nicht für die Schule, sondern für das Leben lernen wir . . .«), sind sie selbst künstlich aus dem Leben ausgeklammert.

Hier wird vor allem gelernt, mit Buch-gewordenen Erfahrungen und Forschungsergebnissen Dritter zu arbeiten.

Wir sind zwar alle auf Erfahrungen anderer und die Vermittlung von Tradition angewiesen; gleichzeitig haben wir aber verlernt, bewußt eigene Erfahrungen zu machen, sie bewußt wahrzunehmen, sie ernstzunehmen, sie für studierenswert zu halten. Während sich schulisches Lernen vornehmlich als Aufgabe, Einübung, Einprägung und Verarbeitung von nach Fächern gegliederten Lernstoffen vollzieht, nichts mit der Erfahrung der Schüler zu tun hat und daher auch nur bruchstückhaft in deren Erfahrungsbestand integriert werden kann, wird in der selbstbestimmten Erwachsenenbildung ein ganz anderes Lernen angestrebt. Das angestrebte Wissen soll dem gemeinsamen kritischen Nachdenken über konkrete Lebens- und Arbeitserfahrungen entspringen. Es soll beim eigenen Erleben ansetzen und das eigene Leben als Lerninhalt und Lernform zulassen.

Hier soll Gelegenheit gegeben werden, daß sich Menschen ihrer Erfahrung in der gesprächsweisen Mitteilung vergewissern und sie durch das Aussprechen überprüfen lernen. Ob die begonnene Lernarbeit zu einem Zugewinn im Wissensbereich oder einer gefühlsmäßigen Entlastung im beratenden Gespräch führt, immer kann das bei den Beteiligten vorhandene Alltagswissen konstruktiv genutzt werden. Wahrnehmungen, Empfindungen, Handlungen werden als Erfahrungen erinnert, gemeinsam durchgearbeitet, kritisch in Frage gestellt und gedeutet. Die Alltäglichkeit erhält hier eine neue aufschließende Qualität.

Es gibt kaum Lerninhalte, zu denen lernende Erwachsene keine eigenen Erfahrungen besitzen. Sie entstammen zumeist direkten Lebenszusammenhängen, sind entsprechend stark mit der Person verbunden und Teil ihrer Identität (Ich-Nähe). Sie sind mit bestimmten Situationen, lebensgeschichtlichen Stationen und Lebensräumen verknüpft und haben vielfältige Verankerungen im Lebensalltag (Lebens-Nähe). Sie sind aufgrund ihrer Lernintensität (z. B. einmal erlernte und immer wieder bestätigte Prinzipien) nicht so leicht zu verlernen.

Wie leicht die für die eigene Betroffenheit der Lerngruppe konstitutiven Lernbedingungen »Ich-Nähe« und »Lebens-Nähe« berücksichtigt und die beiden Erfahrungsebenen »gesellschaftliches und individuelles Wissen« so miteinander ins Spiel gebracht werden können, daß sich beide Wissensbestände gegenseitig erhellen, sei am Thema »Gesundheitswesen in der Bundesrepublik« verdeutlicht:

Nach traditionellem Arbeitsmuster der Erwachsenenschule würde ein Referent/Dozent aus der Millionenzahl vorhandener Fakten und Informationen je nach seinen Zugriffsmöglichkeiten und bestimmt durch seine eigenen Anschauungen und Einstellungen einige für die Zuhörer wichtige Daten auswählen. Die würde er vortragen. Er würde seine Zuhörer über das Gesundheitswesen belehren. Ihr Lernen wäre als bereitwillige und geduldige Aufnahme dieser Informationen abhängig von seiner Belehrung.

Gleichzeitig verfügen aber alle Teilnehmer schon über unverwechselbare eigene Erfahrungen mit Gesundheitsfürsorge, Gesundheit als Geschäft, Bewertungen von Gesundheits- und Krankheitsformen und mit den dazugehörigen Behandlungsformen, mit Erfahrungen vom Leistungsdruck, gesund zu sein und zu bleiben, mit Ängsten vor Krankheit und Tod. Diesen Schatz von Erfahrungen, die tausendmal mehr Kenntnisse und Einstellungen vermittelt haben, als es diese Veranstaltung tun kann, gilt es zu nutzen.

Das kann so geschehen, daß im Arbeitsablauf zunächst einmal die eigenen Erfahrungen der Teilnehmer gesammelt, geordnet und veröffentlicht werden und das systematische Wissen des bzw. der Referenten zur Verstärkung schon vorhandener Einsichten, zur Absicherung geahnter Zusammenhänge und zur abgesicherten Verallgemeinerung der im je besonderen Falle gemachten Erfahrungen genutzt wird. Nicht der Dozent belehrt, sondern die Teilnehmer berichten zunächst, was ihnen zum Thema wichtig erscheint, stellen eigene Erfahrungen dar, fragen einander, tauschen Berichte aus. Daraus kristallisiert sich ein Hauptthemenkreis heraus, der weiter vertieft wird.

Oder es werden zu verschiedenen interessant erscheinenden Themen Arbeitskreise gebildet. Auf diese Weise kann nun jeder Teilnehmer zum Lehrer jedes anderen werden und seine individuellen Erfahrungen in prinzipiellen Fragestellungen wiedererkennen. Er schafft sich so Material für eigene Überlegungen und Handlungen.

Gedächtnis und Erinnerung als aktiver Prozeß

Wie erinnern wir etwas? Wie funktioniert unser Gedächtnis an die eigene Lebensgeschichte als Lerngeschichte (zum folgenden D. Bertaux/I. Bertaux-Wiame, in: Niethammer 1980, S. 110 ff.)?

Unser Gedächtnis hat nicht wie ein Tonbandgerät oder eine Videokamera *alle* erlebten Situationen in Form von Erinnerungen registriert, die beliebig wieder abspulbar sind.

Alle unsere Erinnerungen, als ins »Gedächtnis« eingegrabene Spuren des Erlebten, Eindrücke also, waren beeinflußt von der Art und Weise, wie ein Augenblick, wie Situationen, Ereignisse, Handlungsweisen und Gedanken erlebt wurden. Man kann das daran erkennen, daß zum Beispiel Mann und Frau oder mehrere Freunde ein und dieselben gemeinsam erlebten Dinge anders erinnern: Jeder hat Szenen und Einzelheiten im Kopf, an die sich andere ganz anders erinnern oder die sie gänzlich vergessen haben. Das heißt also, daß das Gedächtnis auswählend vorgeht, schlechte Erinnerungen oft verdrängt, gute behält, wobei große Teile des Alltags weder gute noch schlechte Erinnerungen hinterlassen. Wenn etwas erlebt wird, liefert der erste Eindruck nur den Rohstoff, den unser Unterbewußtsein verarbeitet. Während manche Erinnerungen festgehalten werden (unsere Fotoalben geben immer nur besondere Ereignisse wieder, »Sonntage« – aber wo sind die »Montage« geblieben?), werden andere verscharrt.

Sicherinnern ist nicht ein Abspulen von aufgenommenem Leben, ähnlich dem Abspielen einer Musikkassette, sondern Arbeit, eine aktive Tätigkeit wie die Wahrnehmung auch. Sie schließt immer die Gegenwart oder einen Teil der Gegenwart bei der Wiederherstellung der Vergangenheit, beim Hervorholen von Erlebnissen, mit ein. Dem Vergangenen wird jeweils aus dem Heute eine Bedeutung zugemessen. Das aber heißt, daß es keine objektive Erinnerung gibt, allenfalls einen objektiven Tatsachenkern in dem Erlebten und die Bedeutung, die ich diesem Ereignis damals zugemessen habe und heute zumesse. Lebenserinnerungen schlagen sich nicht nur im Reden oder im Verschweigen nieder, sondern auch in Körperhaltung und Gesichtszügen. Haben Sie nicht bei mancher Begegnung den Eindruck, daß das Gesicht des anderen eine ganze Geschichte erzählt, weil die Vergangenheit ihre Spuren darin eingegraben hat? So erzählt jeder von uns von Kopf bis Fuß seine eigene Lebensgeschichte und stellt sein ganzes Leben dar. Das aber bedeutet, daß »sein Leben erzählen« nicht nur »sich erinnern« heißt. Das geschieht am wenigsten. Wir alle rekonstruieren. Wir alle erzählen immer im Hinblick auf unsere momentane persönliche Situation und auf die jetzigen gesellschaftlichen Lebensbedingungen sowie die jeweilige Gesprächssituation. Da ist wenig Erinnerung, dafür aber viel bewußte und unbewußte Rekonstruktion des jeweiligen Sprechers.

D. Bertaux und I. Bertaux-Wiame (in: Niethammer 1980, S. 110 ff.) stellen als Extreme einander gegenüber: eine alte Frau, die in einem Altersheim ihr arbeitsreiches Leben erzählt und einen bekannten Politiker, der seine Memoiren verfaßt; der Politiker beschreibt sein Leben als eine Folge von Handlungen, die ihn als handelndes und selbstbestimmtes Subjekt zeigen. In der Realität hingegen wurde er immer von den jeweiligen Machtverhältnissen, von Zufällen gelenkt. Er war nie tatsächliches Subjekt seines Lebens, obwohl er sich so darstellt. Beim Erzählen seines Lebens und Schreiben seiner Memoiren ist er erstmalig Subjekt von irgend etwas. Die Rückschau produziert eine Illusion, auf der die gegenwärtige Realität beruht.

Die Geschichte dieses Politikers ist wie die Geschichte unseres Landes oder Europas, so wie sie in unseren schulischen Geschichtsbüchern steht, eine Geschichte der Macht, erzählt in einer Zeitdarstellung, in der ein Jahr auf das andere folgt.

In dieser offiziellen Geschichtsschreibung in unseren Büchern gibt es dagegen keinen Platz für die alte Dame im Altersheim. Wenn wir ihr genau zuhören, entdecken wir eine ganz andere Zeitwahrnehmung: Ihr Leben besteht aus Kreisläufen (Zyklen): der Woche, des Monats, des Jahres, der Jahreszeiten, des ganzen Lebens, der Generationen. Ihr eigenes Leben ist nichts als der Ablauf eines Tages in der Generationenfolge. Sie spricht nicht von sich als einem »Ich«. Sie gebraucht immer nur ein »man«. Die heute 92jährige wurde im Alter von 30 Jahren Witwe. Auf die Frage, ob sie sich nie wieder verheiratet habe, bricht sie in Lachen aus: »Ich mich wieder verheiraten? Aber denken Sie doch mal nach! Ich war frei!« Erstmalig gebraucht sie das Wörtchen »ich«, um ihr Leben nach 30 zu erzählen.

Im kollektiven Gedächtnis der Lerngruppe, wenn Sie es in der konkreten Gesprächsarbeit freimütig und vertrauensvoll, mit Sinn für Zeit nutzen, scheint Intelligenz und Phantasie auf, aber auch eine in Sitten, Gewohnheiten, Riten, Normen und Werten verkörperte Kultur (was ist »gut«, was nicht, was soll man im Leben erreichen, was lohnt sich, was nicht?). Dieses kollektive Gedächtnis ist nicht nur die Summe individueller Erinnerungen, sondern auch ein Netz sozialer Beziehungen. Es wird immer von der herrschenden Klasse, ihren Normen, Werten bestimmt. Die kollektiven Erinnerungen der beherrschten Klasse spiegeln dagegen den ständigen Kampf gegen das gesellschaftliche Verhältnis des Beherrschtwerdens, z. B. den Kampf gegen Vernichtung, Verfolgung, Armut, Kulturverlust: Denken Sie nur daran, wie das heutige Bewußtsein der Juden, der Sinti und Roma durch die unauslöschlichen Erinnerungen an die Vernichtung und Verfolgung dieser Minderheiten im Nationalsozialismus bestimmt ist.

Diese Anmerkungen zum Erinnern können so zusammengefaßt werden: Gedächtnis und Erinnerung erscheinen als aktiver Prozeß, durch den die Vergangenheit des Erzählers aufgenommen, verarbeitet und aktiv mit der Gegenwart des Erzählers, der Lerngruppe und ihrer Arbeitssituation verknüpft werden kann.

Das alles klingt ganz einleuchtend, und trotzdem hat das Erzählen auch seine Haken:

R. Hochhuth (in: Niethammer 1980, S. 190) verweist darauf, daß man nur die Hälfte von allem, was alle sagen und erzählen, glauben dürfe – aber welche Hälfte? Die, die vorsätzlich lügen, sprächen am überzeugendsten, beispielsweise Faschisten, die schon seit Ende der Hitler-Zeit ihre Geschichten erzählen. Das übe nicht nur, das dränge sich auf – und zwar auch den Lügnern selber, deren schlimmste bereits jedes Wort ihrer Geschichten selber glaubten. Ihre Berichte seien Triumphe der Willenskraft über das Gedächtnis: »Als Bismarck in Petersburg, um einen Rivalen herabzusetzen, eine stark münchhausensche Jagdgeschichte, mit der sich dieser Rivale angeblich wichtig gemacht habe, dem britischen Gesandten zum zweitenmal erzählte, konterte der trocken: ›Die Geschichte ist besser geworden!‹ Wie man sich davor hüten soll, weiß ich nicht.« (R. Hochhuth ebd.)

Aufhebung der hergestellten Bewußtlosigkeit

Das Wort »Erfahrung« kommt vom mittelhochdeutschen Wort »ervarn«. Das bedeutete soviel wie »reisend erkunden, ein Land durchfahren, durchwandern und kennenlernen«. Wir sprechen deshalb heute davon, daß wir eine Erfahrung mit jemand oder einer Sache gemacht, dabei diese Person kennengelernt oder in der Sache belehrt worden sind. Derjenige, der etwas Fremdes erkundet, eine Erfahrung macht, erreicht etwas und behält etwas, das Erwartete oder das Unerwartete, etwas Gutes oder etwas Schlechtes.

Was erreichen wir, was halten wir fest? Inwieweit sind unsere Erfahrungen immer von unserer lebensgeschichtlich und damit gesellschaftlich geprägten Realitätsauffassung bestimmt?

Dazu eine indische Geschichte:

Vor einigen hundert Jahren kam ein italienischer Reisender in ein indisches Dorf und traf dort auf einen brahmanischen »Pandit« (Herrn). »Was ist eine Sonnenfinsternis?« fragte der Reisende den Pandit. Der Brahmane gab ihm eine wissenschaftliche Erklärung, die der Italiener aufzeichnete und die noch heute gültig und authentisch ist. Aber danach geschah etwas Bemerkenswertes: Ein Hindu, Arbeiter, Mitglied der niedrigsten Kaste, kam hinzu und stellte dem Pandit dieselbe Frage: »Sag mir bitte, was eine Sonnenfinsternis ist.« Der Pandit schien die Antwort schon bereitzuhalten, denn er antwortete ohne zu zögern: »Ein Dämon namens Rahu verschlingt den Sonnengott!« Als der Arbeiter mit dieser Antwort zufrieden davongegangen war, fragte der Reisende den Brahmanen bestürzt, welche der beiden vorgetragenen Theorien wahr sei und warum er verschiedene Theorien für verschiedene Leute bereithalte. Der Pandit antwortete ohne Umschweife: »Die Erklärung, die ich Dir gegeben habe, ist die richtige; die andere ist es nicht. Wissen ist nicht für alle da, und darum erhält der gemeine Mann eine andere Erklärung!«

Als der indische Erziehungswissenschaftler Sugata Dasgupta vor einigen Jahren auf einem internationalen Kongreß diese Geschichte erzählte, schloß er die Feststellung an, daß seiner Beobachtung nach die Erhaltung gesellschaftlicher Herrschaft einer gebildeten Elite über die sogenannte unterentwickelte Masse bislang immer eine der Hauptfunktionen öffentlicher Erziehung gewesen sein: Im Falle dieser Geschichte sollte alleine die Kaste der Brahmanen Zugang zum Wissen, das Macht bedeutete, haben. In der alten wie der modernen Gesellschaft, in den sogenannten Entwicklungsländern wie in den Industriestaaten, immer habe die Erziehung den Interessen der herrschenden Klasse gedient. Die zentralen Themen der Gesellschaft unter frühen historischen Gegebenheiten wie heute seien immer Herrschaft und Ausbeutung gewesen, von Menschen durch Menschen, von Frauen durch Männer, der Schwachen durch die Starken, der Alters- und Geschlechtsgruppen untereinander, der Menschen durch die Systeme und der Systeme durch die Menschen (vgl. Dasgupta 1973).

Dasguptas Interpretation dieser Geschichte ist anzufügen, daß Herrschaft immer von der Duldung durch die Massen lebt.

Daher waren die herrschenden Eliten aller menschlichen Gesellschaften zu allen Zeiten immer viel mehr daran interessiert, ihre Mitglieder Techniken des Nichtsehens, des Übersehens und des Wegblickens zu lehren, als ihre Beobachtungen zu schärfen, ihre Aufmerksamkeit für das Notwendige zu fördern und ihre Liebe zu Genauigkeit und Wahrheit zu entwickeln. Wer nichts wahrnimmt, versteht nichts. Wer sich nicht für politische Interessen und deren Durchsetzung als Betroffener interessiert, mischt sich nicht ein. Die Bewußtlosigkeit von gesellschaftlichen Verhältnissen, deren Entstehungsgeschichte und deren Entwicklungen kommen deren Nutznießern gerade recht.

Es kann sein, daß Sie jetzt aufbegehren, dies seien »steile linke Thesen«...! Die seien erst einmal zu beweisen...!

Die Beweisführung können Sie sehr leicht selbst antreten: Es ist kein Zufall, daß kritische politische Fernsehsendungen zumeist zur Nachtzeit gesendet werden, zur Hauptsendezeit aber fast ausschließlich verdummende Unterhaltung. Es ist kein Zufall, daß Fernseh-, Rundfunk- und Zeitungs-Redakteure, die sich zu kritisch und zu politisch mit mächtigen Politikern im Rahmen ihrer Arbeit auseinandersetzen, die größten Schwierigkeiten bekommen und nicht selten gefeuert werden. Es ist kein Zufall, daß die Gestaltung und Verabschiedung von Richtlinien für Politik- und Deutschunterricht in Koalitionsverhandlungen von Länderparlamenten eine oft recht heiße Rolle spielen und jedwede schulische Richtlinie, auch die Zulassung von Schulbüchern, erst recht die Zulassung von Lehrern für den Staatsdienst der staatlichen Kontrolle und Entscheidung unterliegen. Zensur gibt es nicht nur in totalitären Systemen, es gibt sie in groben und subtilen Formen in allen gesellschaftlichen Institutionen.

Kurzum: Das uns bestimmende Alltagsbewußtsein entspringt nicht natürlichen Wachstumsvorgängen, sondern ist zum großen Teil Ergebnis gezielter Nicht-, Halb- und Falschinformation in allen Bereichen öffentlicher Kommunikation. Denken Sie nur an die hilflose Antwort all derjenigen Älteren und

Eltern, die wir Jüngeren gefragt haben, wo sie denn gewesen, was sie denn gemacht hätten, als im »Dritten Reich« Juden und Zigeuner in Konzentrationslagern umgebracht wurden: »Wir wußten von nichts . . .!« Denken Sie an die fast täglichen Rundfunk-, Fernseh- und Zeitungsberichte darüber, daß nur durch Zufall oder mutige Journalisten Fälle folgenschwerer Fehlinformation, Verheimlichung und Vertuscherei des Mißbrauchs staatlicher, wirtschaftlicher oder politischer Macht aufgedeckt wurden.

Der brasilianische Volkspädagoge P. Freire spricht daher davon, daß insbesondere in der Schule bewußt ein – bezogen auf die Wirklichkeit – verkehrtes Alltagsbewußtsein erzeugt werde. Er beschreibt dies mit dem Bild der bewußtlosen Einlagerung von vorgefertigten, meist durch die Massenmedien dargebotenen Schemata, Lügen und Mythen in den Lernenden als eine Art »Container« (Behälter). Solche Lügen sind nach P. Freire zum Beispiel:

- daß jeder Arbeiter Unternehmer werden könne, wenn er nur fleißig arbeite,
- daß es eine Gleichheit der Chancen in der Erziehung gebe,
- daß die herrschende Elite Verteidiger der westlichen christlichen Zivilisation sei,
- daß sie das Beste für das Volk wolle,
- daß das Volk dumm und träge sei,
- daß Privateigentum die Grundlage der persönlichen Entwicklung sei . . .

Die von den Mächtigen entwickelten und über alle möglichen Kanäle verbreiteten Lügen begünstigen die Entstehung eines magischen, naiven und darin unkritischen Bewußtseins. Freire fordert auf, insbesondere durch die Möglichkeiten der Erwachsenenbildung von der Wirklichkeit Besitz zu ergreifen, sie zu entschleiern, die Lügen aufzudecken, die Wahrnehmungsfähigkeit zu schärfen, was alles zusammen er als Bewußtwerdung und Bewußtseinsbildung bezeichnet.

Nun ist es aber so, daß sich unser Alltagsbewußtsein gegen kritische Aufklärung und kritisches Nachdenken wehrt, blokkiert, um weiter in der gewohnten Weise mit der Welt zurecht zu kommen. Seine Praxis der Wahrnehmung und Erkenntnis ist die, das Neue und Unbekannte stets auf das (vermeintlich) Bekannte zurückzuführen. Es gibt daher eine Fülle von Lernbarrieren in jedem von uns, aufgerichtet zum Schutz unserer Selbstsicherheit. Wir nehmen mit unserem inneren Kategoriensystem nur das von der Wirklichkeit wahr, was jeder einzelne von uns von seinen Sicherheitsbedürfnissen her und zu seiner eigenen Stärkung wahrnehmen will, alles andere wird übersehen, abgewertet, idealisiert oder sonstwie abgewehrt.

Unsere Verteidigung des allzu häufig – bezogen auf die Wirklichkeit – falschen Alltagsbewußtseins geschieht, das ist unser aller Erfahrung, kontinuierlich und vehement. Selbst wenn jemand anderes im Besitz der Wahrheit ist, aber nicht unser Vertrauen hat, oder die Übernahme der andersartigen Information für mich Mühe, Umstellung, Arbeit, Umdenken, anderes Verhalten erfordert, gibt es zunächst nur Widerstände seitens des Alltagsbewußtseins. In der gesprächsweisen Erörterung der Erwachsenenbildung ergibt sich die Möglichkeit für alle Beteiligten, ihre Interpretationsmuster des Alltagsbewußtseins, das heißt ihre individuellen, alltäglichen, lebensgeschichtlich verankerten Erfahrungen, ihre jeweilige Wirklichkeitsauffassung, ebenso wie die von Fachleuten oder anderen »Laien« eingebrachten Wissensbestände gesprächsweise zu überprüfen. Dabei geraten die für die Herstellung des Alltagsbewußtseins bestimmenden Vermittlungsinstanzen (Familie, Eltern, Lehrer, Lektüren, Arbeitskollegen, Fernsehkonsum, Freunde, Zeitungen) in den kritischen Blick. Es entsteht die Frage danach, was diese einzelnen Agenturen jeweils für Interessen bei ihrer Vermittlung und gleichzeitigen Interpretation der Wirklichkeit realisiert haben und noch realisieren. Es entsteht die Frage danach, was denn die von den Einzelinteressen unabhängige, d. h. objektive Dimension der verhandelten Tatsachen, Vorgänge, Einsichten und Erkenntnisse ist: »Was ist denn nun wirklich und tatsächlich Sache, die Wahrheit . . .?«

Die Erfahrung zeigt, daß Blockierungen des Alltagsbewußtseins gegenüber dringend benötigten objektiven Fakten, als wahr erkannten und wissenschaftlich begründeten Einsichten in die Natur und die Prozesse gesellschaftlichen Lebens nur aufgehoben werden, wenn der einzelne zunächst einmal von seiner Lage her, so wie sie sich ihm in den Berichten und Beiträgen der anderen spiegelt, gepackt ist. »Erst dann hat das weitere Aussicht, gehört und verstanden zu werden, erweckt es Vertrauen. Das aber gelingt nie von außen oder oben her, als überlegen nahendes Selbstwissen. Von oben kommt man Fliegen bei, nicht Menschen« (Bloch 1972, S. 103).

Analyse des Alltags

Wird die Alltäglichkeit zum Gegenstand des gezielten Hinschauens, der Analyse und des Nachdenkens gemacht, müssen die am Gespräch Beteiligten bewußt vom Alltag Abstand nehmen, aus ihrer jeweiligen Alltäglichkeit auftauchen. Um die Alltäglichkeit enthüllen zu können, müssen sie den Schleier des Naturhaften, also Selbstverständlichen (»Das ist nun mal so! Das bleibt auch so! Da kann man nichts machen!«), herunterreißen. Wird die Alltäglichkeit diskutiert, analysiert, um sie durchschaubar und erklärbar zu machen, tritt an die Stelle naiver, nicht weiter reflektierter Eindrücke, Ahnungen, Erlebnisse und Erinnerungen ein Wissen, das die besprochenen Fakten in ihrem Entstehungs- und Bedingungszusammenhang sehen läßt.

Dies kann mit Hilfe ganz einfacher Techniken geschehen.

Dazu zwei Beispiele:

a) Selbstdarstellung in Dreier-Gruppen (Triaden), von L. Schwäbisch und M. Siems (1974, S. 247 f.) zusammen mit anderen Übungen für eine erste Gruppensitzung im Rahmen mehrerer Abende vorgesehen:

»*Selbstdarstellungstriaden (60 Min.)*

1 a. Energieverteilungskuchen (5 Min.): Jedes Gruppenmitglied zeichnet auf ein Stück Papier einen Kreis, der seine ganze

Energie darstellen soll, die er für Menschen, Dinge oder Tätigkeiten aufwendet. Diesen Kreis soll er wie einen Kuchen in verschiedene Segmente aufteilen, wobei jedes Segment die Stärke seiner Energie anzeigt, die er auf bestimmte Dinge richtet. Solch ein »Energieverteilungskuchen« könnte wie folgt aussehen:

Abb. 1

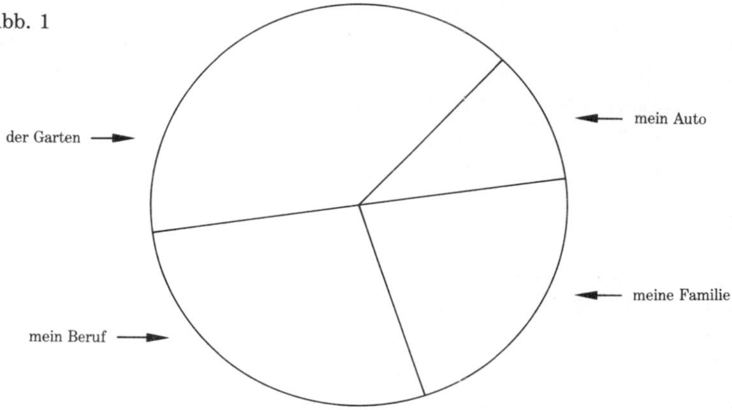

1 b. Triadengespräch (15 Min.): Die Gesamtgruppe teilt sich in Triaden (Dreiergruppen), und die Gruppenmitglieder erläutern sich gegenseitig ihre Zeichnungen. Sie sollen dabei besonders an die Diskussionsregel 7 denken: »Ich« statt »Man« oder »Wir«.

2 a. Liebesverteilungskuchen (5 Min.): Wie bei 1 a. zeichnet jedes Gruppenmitglied für sich jetzt seinen »Liebesverteilungskuchen«: »Wie habe ich meine Liebe auf Personen, Tätigkeiten und Dinge verteilt?«

2 b. Triadengespräch (15 Min.): In neuen Triaden Gespräch über die neuen Zeichnungen.

3 a. Angstverteilungskuchen (5. Min.): »Die Angst, die ich in meinem Leben habe, verteilt sich folgendermaßen: . . .«

3 b. Triadengespräch (15 Min.): Wieder in neuen Triaden.

In dieser Übung können Sie weiter lernen, sich den anderen zu öffnen und ihnen mitzuteilen, wie Sie sich selbst sehen. So können die anderen Sie und Sie die anderen noch besser kennenlernen. Durch den Wechsel der Teilnehmer in den drei Triaden können Sie außerdem fast alle Gruppenmitglieder im Laufe der Sitzung kennenlernen. Häufig ist es für viele recht unangenehm, nach 15 Minuten eine Triade aufzulösen, wenn sie vielleicht gerade in einem intensiven Gespräch sind. Aber in den weiteren Stunden werden sich genug Möglichkeiten bieten, die anderen Gruppenmitglieder noch intensiver zu erleben, und wir halten es für den Anfang für günstig, wenn sich erst einmal alle Gruppenmitglieder miteinander bekannt machen. Der Sitzungsleiter sollte darauf achten, daß die Zeichnungen nicht mit allzuviel Perfektionismus ausgeführt werden, so daß die Zeit von jeweils 5 Minuten nicht zu stark überschritten wird.«

b) Aufgabe ist es, in einem Wochenzeitplan jeder Stunde in Ihrem jetzigen Leben die entsprechende in ihr ausgeübte Tätigkeit zuzuordnen (nach: Behrendt/Grösch o. J., S. 24 ff.). Um die Vergleichbarkeit mit den Ergebnissen der anderen zu erleichtern, können Sie in der Gruppe verschiedene Bereiche verabreden, die alle Beteiligten durch Eintragungen abdecken: Berufstätigkeit, An- und Abfahrt zur Arbeit, Schlaf, Essen, Trinken, Hygiene, Fernsehen, Kino, Hobby, Sport, Verein, Partner-/Freundschaften usw., sonstiges.

Sie machen sorgfältige Eintragungen und addieren – jeder für sich – die den einzelnen Bereichen zugeordneten Stunden für die ganze Woche. Dann rechnen Sie bitte die prozentualen Anteile an der Wochenstundenzahl aus. Tragen Sie anschließend auf einer großen Wandzeitung in Skalen die Werte ein, um die Ergebnisse Ihrer Feststellung optisch sichtbar zu machen. Auf diese Weise erhält jeder für sich einen Überblick über den quantitativen Zeitanteil typischer Tätigkeiten und deren Verhältnis zueinander innerhalb Ihres jetzigen Lebenszusammenhangs. Anschließend werden die Ergebnisse im Gruppendurchschnitt errechnet. Die beiden folgenden Schaubilder (in: Behrendt/Grösch, o. J., Anlage 3 u. 4, nach S. 24) wurden von jugendlichen Arbeitern erarbeitet:

Abb. 2: Wochenzeitplan eines Teilnehmers

	so	mo	di	mi	do	fr	sa
0– 1 h							
1– 2							
2– 3				Schlaf			
3– 4							
4– 5							
5– 6							
6– 7		Essen/Trinken/Hygiene					
7– 8							
8– 9							
9–10							Essen
10–11	Essen						Sonstiges
11–12	Sonstiges			Arbeit			
12–13	Haus-u.Schul-						
13–14	arbeiten						
14–15	Lesen						Lesen
15–16							
15–17							
17–18	Fernsehen						TV
18–19	Kino	Essen/Trinken/Hygiene					Kino
19–20				Sonstiges	Sport	Sonstiges	
20–21	Freund-	Sport		Lesen		Musik	Freund-
21–22	schaften		Fernsehen	Musik	Lesen	TV	schaften
22–23	Disco	Schlaf	Kino	TV		Kino	Disco
23–24				Kino			

Abb. 3: Wochenzeitplan einer Gruppe von 6 Teilnehmern

	Std.	%
Berufschule, Arbeit, Anfahrten	312	31
Schlaf	292	29
Hobbies, Sport, Vereine	151	15
Essen, Trinken, Hygiene	102	10
TV, Kino	91	6
Freundschaften Sexualität	30	3
Sonstiges	30	3
Gesamt in der Woche	1008	100 %

Das Auswertungsgespräch kann z. B. unter folgenden Fragestellungen geführt werden:
- In welchem qualitativen und quantitativen Verhältnis stehen Arbeit und Freizeit?
- Gestalte ich meine Freizeit gemäß meinen Interessen und Bedürfnissen?
- Wenn nicht, woran liegt das?
- Was sind überhaupt meine Interessen und Bedürfnisse?

Die einfache Darstellung des Wochenablaufs in Zeitabschnitten wird Ihnen die Bewußtlosigkeit Ihres eigenen Alltagsverlaufs bewußt machen.

Der Vergleich der Listen untereinander verdeutlicht der Gruppe die Ähnlichkeit Ihrer Erfahrungen.

Anhand Ihrer nun optisch allen erkennbaren Ermittlungsergebnisse können Sie gemeinsam, zugleich aber jeder für sich selbst, herausfinden, in welchen Anteilen sich Fremd- und Selbstbestimmungsbereiche in Ihrem Alltagsablauf gegenüberstehen und was dieses (wahrscheinliche Miß-)Verhältnis für Ihr eigenes Leben und das der anderen Gruppenmitglieder bedeutet.

Aneignung der Lebensgeschichte

Eine solche Gesprächsarbeit über den eigenen Alltag kommt nicht ohne Rückfragen an die bisherige Geschichte der Beteiligten, ihre lebensgeschichtlichen Erfahrungen, aus. Es wird ihnen deutlich, daß die von rückwärts betrachtete, vielleicht befremdliche eigene Lebensgeschichte immer interpretationsbedürftig bleibt und von der jeweiligen Gegenwart her immer wieder neu angeeignet werden muß:
- Woher komme ich? Warum bin ich so geworden, wie ich jetzt bin?
- Wer und was haben mein Lebenskonzept und mein Verhalten entscheidend geprägt?
- Welches sind die erkennbaren Ursprünge meines Denkens?
- Gehörte und gehöre ich zu den sozial Privilegierten, die die

Chance hatten, einen Lebensplan verwirklichen zu können? Oder gehöre ich zu denjenigen, die nie ihre Wünsche und Hoffnungen auf eine befriedigende Berufstätigkeit erfüllen konnten?

Steht sehr viel Zeit zur Verfügung, kann das lebensgeschichtliche Wissen über sich selbst gründlich erarbeitet werden. R. Behrendt und D. Grösch (o. J., S. 54 ff.) haben dies beispielsweise in Bildungsurlaubsveranstaltungen mit jugendlichen Arbeitern immer methodisch so versucht, daß sie »Lebenslinien/Lebenskurven« produzieren ließen: Die Beteiligten tragen in ein Koordinatensystem, dessen eine Linie das Lebensalter angibt und dessen andere Linie eine Positiv-/Negativskala ist, stichwortartig wichtige Erlebnisse entsprechend ihrer positiven oder negativen Bewertung ein. Die einzelnen hier eingetragenen Punkte werden zum Schluß mit einer Linie verbunden, die dann eine *Lebenskurve* darstellt. Schon die Produktion dieser anschaulich gemachten lebensgeschichtlichen Prägung durch wichtige Ereignisse, Erlebnisse, Personen, Freuden und Leiden, Hoffnungen und Enttäuschungen ermöglicht ein Stück Wiederaneignung persönlicher Geschichte.

Das Gruppengespräch über diese erzählten und veranschaulichten Biografien, die oft genug Familien-, Berufs- und Sozialgeschichte mit enthalten, läßt häufig deutlich werden, wie heutige Einstellungen, Erfahrungen und Vorstellungen des jeweiligen Berichterstatters geschichtlich zustande gekommen sind. Da schon in solcher biografischer Selbstreflektion hin und wieder ein Bezug zwischen individueller Entwicklung und festgestellten gesellschaftlichen Bedingungen und Verhältnissen aufleuchtet, kann der Bedingungszusammenhang zwischen individueller und gesellschaftlich-historischer Entwicklung auch in einer Verknüpfung von eigener Lebenslinie und rekonstruierter Geschichtslinie/Zeittafel (vgl. Behrendt/Grösch o. J., S. 136 ff.) vertieft erarbeitet werden. Eine solche Arbeit macht deutlich, daß bei niemandem das Wissen über sich selbst abrufbar vorhanden ist, es sei denn, er/sie habe es in Form schon ritualisierter Selbstdarstellungen »drauf«. Dieses biografische Wissen

Abb. 4: Lebenskurve eines jugendlichen Arbeiters

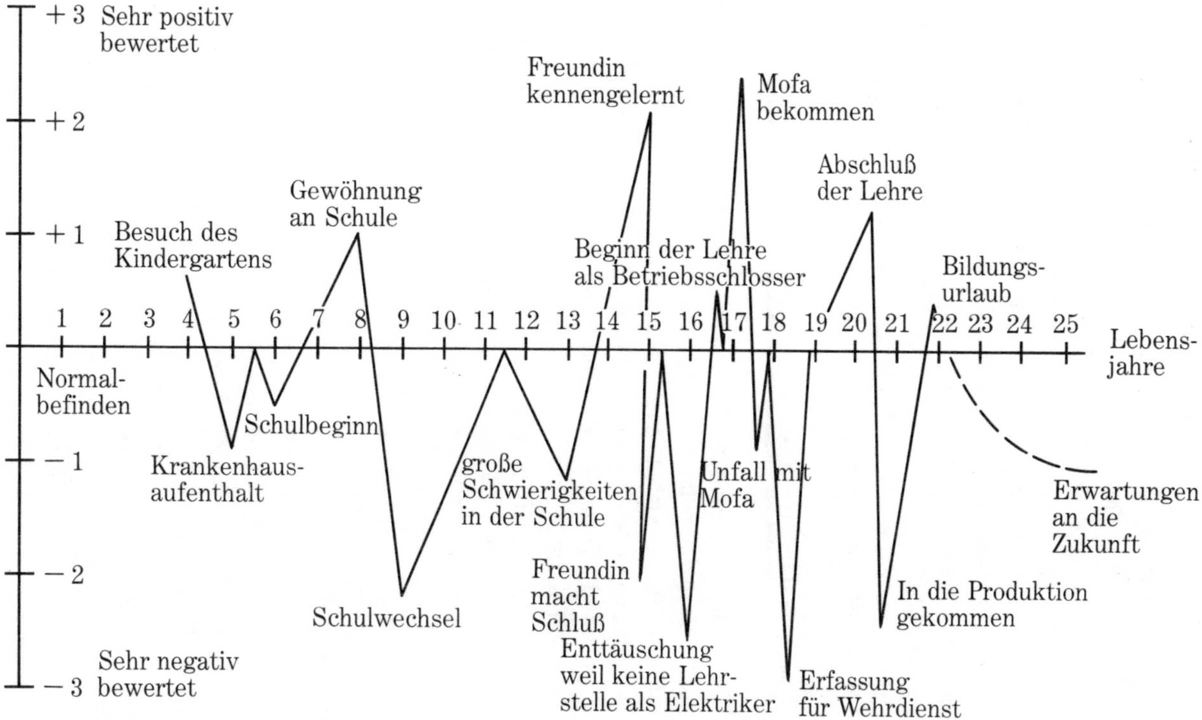

muß entwickelt und durch Selbstdarstellung, Reflektion und ansatzweise Analyse durch die Lerngruppe bearbeitet werden. Das gelingt nicht immer. Zu groß ist bei vielen das Mißtrauen, hier werde in persönlichen Geschichten herumgeschnüffelt und »intime« Aussagen würden später gegen einen selbst verwendet werden. Wenn jedoch durch exakte Verabredungen zu Beginn (vgl. das 5. Kapitel zum »Lehr-Lern-Vertrag«) und aufgrund erkennbarer persönlicher Kompetenz des/der beteiligten pädagogischen Mitarbeiter(s) deutlich wird, daß hier niemand gekränkt oder öffentlich bloßgestellt werden soll, besteht zunehmend die Bereitschaft mitzumachen.

Subjektive Erfahrungen und objektives Wissen

Wie kann es gelingen, daß einerseits unbewußte Alltagspraxis »zur Sprache kommt« und bewußt gemacht und andererseits Theorie in praxisleitendes Wissen gewandelt wird?

Ich mache häufig die Beobachtung, daß Erfahrungsorientierung und Wissenschaftsorientierung methodisch unterschiedlich gehandhabt werden. Zwei grobe Charakterisierungen:

Typ 1: Es wird unvorbereitet losgeredet: Erfahrungen, Erlebnisse, Geschichten, Gelesenes, Konversation. Manchmal kommt dabei etwas heraus, häufig allerdings nicht. Die Bemerkung, Lernen habe nicht dem Beliebigen, sondern dem Notwendigen zu gelten und das könne nicht »erquatscht«, sondern müsse hart erarbeitet werden, wird zurückgewiesen. Man wolle nicht schon wieder Bücher lesen und Fachleute anhören müssen. Lernen müsse Spaß machen.

Typ 2: In der Veranstaltung setzt sich Wissenschaft als systematische Wirklichkeitserfassung nach eigenen Regeln, mit eigener Sprache und umfänglicher Kenntnissammlung direkt durch, d. h., es werden abstrakte Informationen über gesamtgesellschaftliche Entwicklungen mit wissenschaftlichem Vokabular dargeboten. Den Teilnehmern wird nur ein wenig Beispielproduktion (»Wem fällt hierzu ein praktisches Beispiel ein?«) zugebilligt.

Wird ausschließlich der Austausch subjektiver Wahrnehmungen, Einstellungen, Erfahrungen zum Mittelpunkt gemacht (»Reden wir doch heute mal über . . .«), kommt sehr schnell die Frage auf, was denn nun »Sache« sei, die Realität der Realitäten, die Wahrheit, die objektive Wirklichkeit. Wird das vorhandene gesellschaftliche Wissen zur jeweiligen Problematik (Geschichte, Struktur, wirkende Interessen, Problemlösungsmöglichkeiten, Bedingungen für die Verhinderung von Lösungen, politische Notwendigkeiten) nicht genutzt, wird leicht die neuartige Kommunikationsform (z. B. Selbstthematisierung) mit der Lösung der thematisierten Probleme verwechselt. Nur der wechselseitige Bezug von subjektivem und objektivem Faktor, von Gefühlsarbeit und Denkarbeit, von eigener Erfahrung und zugänglich gemachter wissenschaftlicher Einsicht ermöglicht Betroffenheit und notwendige Distanz, ermöglicht ein sowohl der Identitätsarbeit dienliches ganzheitliches wie ein realitätsgerechtes und damit praxisrelevantes Lernen. Das Erfahrungswissen in der Gruppe wird ernstgenommen, aber als grundsätzlich subjektiv begrenzt erkannt.

Dadurch, daß die Lerngruppe durch die Analyse der Lebenspraxis der Beteiligten ihr bisheriges Wissen erkennt, entstehen die Möglichkeit und der Wunsch, Neues zu lernen und zu wissen. Niemals erklärt sich die Lebenserfahrung aus sich selbst, sondern immer nur durch die Motive, die Richtung und Ziele des Nachfragens, die uns zum Nachdenken und Nachlesen anregen.

Bildungsarbeit ist mehr als unmittelbare Kommunikation, die, oft unvorbereitet, von zufälligen Assoziationen, Ideen und Mußmaßungen, die im Augenblick von niemandem so recht nachprüfbar sind, geprägt wird.

Es müssen von Anfang an und möglichst konkret einlösbare Ziele der gemeinsamen Arbeit ausgehandelt werden. Eine solche Zielabsprache ist aber nicht denkbar ohne die Anstrengung des Begriffs, ohne mühselige Informationsbeschaffung und -bearbeitung zur Erklärung der gesellschaftlichen Realität und ohne konkrete Anstrengung aller Beteiligten.

Es muß gerade im Austausch von Erfahrungen ständig deutlich werden, daß Erfahrungen immer durch Bezugspersonen und das gesellschaftliche Bezugssystem in allen seinen erlebten Sektoren geprägt wurden und daß Erfahrungen zu wissenschaftlichen Nachfragen, zu Forschungsergebnissen und deren redlicher Interpretation geführt haben. Die Notwendigkeit, gerade bei Alltagsproblemen auch die Wissenschaft zu befragen, wird häufig wegen der damit verbundenen Denkbemühung, die zumeist nicht ohne Abstraktion auskommt, mit dem Satz abgewehrt: »Das ist mir zu theoretisch!«

Dieser Satz ist jeweils ein Signal dafür, daß es wenig hilfreiche Erfahrungen mit Theorien gegeben hat und gibt und daß sie, wo es sie gegeben hat, aufgrund fehlenden Bezuges zu eigenen Alltagserfahrungen, aufgrund mangelnder Konkretheit und emotionaler sowie sozialer Anziehungskraft eher Abneigung erweckt haben.

Dieser Satz ist aber auch ein Signal dafür, daß ein notwendiges Wissen in Form einer einleuchtenden Theorie erst relevant wird, wenn es mit dem eigenen Leben zu tun bekommt. Ich kann erst richtig mit dem vorhandenen gesellschaftlichen Wissen umgehen, wenn ich lerne, es als Werkzeug und Hilfsmittel zur Erforschung meiner selbst und meiner Umwelt kritisch und bewußt zu nutzen.

Dieses Wissen ist freilich zumeist nur mit dem Opfer eigener Verunsicherung zu erkaufen, da die Schärfe und Genauigkeit des theoretischen Nachdenkens oft die Vereinfachungen zersetzt, die jeder von uns unbewußt als Lebenshilfe für sein tägliches Handeln benötigt.

Der pädagogische Mitarbeiter erlebt, daß er anders gefordert wird als in der inhaltlich distanzierten Funktion eines »Zwischenlagers« oder einer »Wiederaufbereitungsanlage« für Informationen Dritter (Bücher), als Verkäufer fremden, in pädagogischen Portionen aufbereiteten Wissens. Er muß sich selbst einerseits dem vorhandenen Wissen, andererseits der Lerngruppe gegenüber als lebendigen Menschen wahrnehmen. Er muß sich fragen, wie er selbst mit seinem Leben in diesem

Lernfeld vorkommt. Nach langer akademischer Entfremdung gilt es, das Alltagswissen der Gruppen ebenso wie das Fachwissen in seinen gesicherten wie seinen in der Diskussion befindlichen Teilen im spannungsvollen Gegenüber richtig einzuschätzen, um in der Dynamik der Arbeit sagen zu können, welchen Wissensbeständen (hier: Erfahrungswissen der Gruppe, dort: »objektives« Wissen von Experten und Wissenschaftlern) jeweils mehr Aufmerksamkeit gewidmet werden sollte.

Einerseits muß er bei der Gruppe das Zutrauen in die eigene Kompetenz oft erst mühselig zu schaffen beginnen, andererseits muß er die Stärken wissenschaftlicher Beratung (theoretische Zusammenfassung vieler Einzelerfahrungen, Systematik, ruhige und gründliche Befassung mit Einzelproblemen über längere Zeit weg etc.) deutlich machen.

Ich will die beiden Erkenntnisweisen, die in der Erwachsenenbildung grundsätzlich aufeinander bezogen genutzt werden sollten, einmal grob skizzieren:

Subjektiver Faktor	*Objektiver Faktor*
Erfahrungen	gesellschaftliches Wissen
eigene Interessen	interessenorientierte Wissenschaft
Parteilichkeit des eigenen Fühlens, Denkens und Handelns	Parteilichkeit von Wissenschaft
gezielte Wahrnehmung und Berücksichtigung der subjektiven Situation der Beteiligten in unmittelbaren Interessen, Bedürfnissen, Erfahrungen	Aufklärung über die wirtschaftlichen, politischen, sozialen und kulturellen Bedingungen des vermeintlich individuellen Lebens in unserer Gesellschaft durch Rückgriff auf reflektierte Erfahrungen in Form von wissenschaftlichen Theorien, Einsichten und Begriffen

Subjektiver Faktor	*Objektiver Faktor*
Identitäts-Probleme	Aufklärung über deren Hervorbringung durch gesellschaftlich wirksame Kräfte, Normen und Mechanismen
Aufdeckung individueller Ängste	Aufklärung über gesellschaftliche Herrschaft, Macht und bewußt erzeugte und aufrechterhaltene Abhängigkeitsstrukturen in allen Erfahrungsbereichen
biographisches Erzählen: subjektiv empfundene Erlebnisse und Schicksale	Erläuterung wirtschaftlicher, politischer und sozialer Prozesse, die die genannten Lebensverhältnisse bestimmt haben und noch bestimmen
lebensgeschichtliche Erfahrung durch Erinnerung	umfassende geschichtliche Aufklärung zur Interpretation der geschilderten Vorstellungen und Erfahrungen

Wird von der Lerngruppe das vorhandene Alltagswissen nicht mehr als ausreichend zur Sinngebung und Bewältigung alltäglicher oder besonderer Lebenssituationen empfunden, entsteht bei ihr ein Bedürfnis nach Kompensation und neuem, vermehrtem, relevantem Wissen. So kamen bei den Wyhler Weinbauern, die sich gegen die Errichtung eines Atomkraftwerks wehrten, eine Mangelerfahrung (»Es muß etwas geschehen«) und ein Kompetenzzutrauen (»Ich kann gemeinsam mit anderen etwas dagegen tun«) zusammen, getragen von dem Gefühl, daß man Ohnmacht nicht wegdisputieren kann, sondern daß man sich gegen Ohnmacht aktiv wehren muß. Der Erwerb von benötigten fachlichen, juristischen, kommunikativen Planungskompetenzen des Kampfes der Winzer und Bauern gegen das Atomkraftwerk geschah im Gegensatz zum schulischen Lernen so, daß die benötigten Informationen aus der jeweiligen Entwicklungsstufe der sozialen Praxis heraus nachgefragt wurden, der Erwerb von Information damit im Dienste je einzeln und gemeinsam gewollter und durchgehaltener sozialer Praxis stand.

Individuell benötigtes und gesellschaftlich notwendiges Wissen

Das Wyhler Beispiel macht deutlich, daß es nicht um das grundsätzlich in der Gesellschaft vorhandene, sondern um das zur Bewältigung von Problemen und Lebenssituationen benötigte und *notwendige* (im Wortsinn: »was die Not wendet«) Wissen geht. Aber was ist inmitten all des Wissbaren das notwendige Wissen?

Obwohl die Kommunikations- und Informationsmöglichkeiten heute fast unbegrenzt sind, kann niemand grundsätzlich sagen, was von all den Milliarden verfügbarer Daten, Fakten, Einsichten, Themen und Thesen für jeden einzelnen notwendig zu wissen ist. Zudem versperren die Fachsprachen der Wissenschaft in ihren einzelnen Disziplinen, die ausgeklügelte Form ihrer Weitergabe an andere und das elitäre Verhalten vieler Experten den Zugang für Nichteingeweihte. Wir haben ständig das Gefühl, daß »man« uns notwendige Informationen vorenthält.

Unser Alltag und die wissenschaftliche Forschung sind zwei Welten, gleichzeitig ahnen wir, daß wir Forschung und Experten benötigen, weil Fachleute hier in methodisch nachvollziehbarer und damit überprüfbarer Form mehr Daten erarbeiten und verarbeiten, als ein Laie überhaupt kennen kann.

Eine industrielle Gesellschaft braucht bei hohem technischem Niveau und zunehmend wissenschaftlich begründeter Steuerung zu ihrer Erhaltung und Entwicklung theoretisches Wissen von hohen Abstraktionsgraden.

Dieser Satz wird sofort relativiert, wenn man sich in Erinnerung ruft, daß heute weltweit jeder vierte Wissenschaftler an der Erfindung, Herstellung und Verwertung von Waffen und Waffensystemen beteiligt ist und die hohe Technisierung der

Überwachung und Inbetriebnahme der Waffensysteme deren vernichtenden Einsatz von technischen Kleinpannen abhängig macht. Erinnern Sie sich an all die Zeitungsmeldungen von 1980, als wiederholt aufgrund von kleinen Computerfehlern in den USA der Eindruck entstand, die Sowjetunion sei dabei, einen Weltkrieg auszulösen und jedesmal der automatische Gegenschlag nur noch im letzten Moment verhindert werden konnte.

Wer bestimmt, was benötigtes und was notwendiges Wissen ist?

Wir können in bestimmten Situationen sagen, was wir jetzt unbedingt wissen müssen. Zum Beispiel dann, wenn wir bei öffentlich heiß umkämpften Entwicklungen (z. B. Sicherheitsrisiken und Umweltbelastungen durch Atomkraftwerke, Umweltzerstörung durch Großbauvorhaben, z. B. den Bau der Startbahn West am Frankfurter Flughafen) vor völlig gegensätzlichen und widersprüchlichen Informationen, Daten und Aussagen stehen.

Oder wir lesen, daß bei der Herstellung von Bier, Cola, Mineralwasser, Wein, Limonade, Essig, Speiseöl Asbestfilter verwandt werden und sich in all diesen Flüssigkeiten krebserzeugende Asbestfasern nachweisen lassen. Wir möchten jetzt gerne wissen, ob es wissenschaftliche Forschungen zu der einleuchtenden These gibt, daß die Häufung von Magenkrebs in den letzten Jahrzehnten auf eine immer breitere Verwendung von Asbestfiltern bei der Nahrungsmittelherstellung zurückgeführt werden kann. Aber: Weder die Wirtschaftsunternehmen, die diese Asbestfilter verwenden, noch die staatlichen Aufsichtsbehörden, die bei einem positiven Nachweis durch Forschung die Verwendung dieser nützlichen Filter verbieten und damit den Unternehmen erhebliche wirtschaftliche Kosten durch technische Umstellung aufbürden müßten, sind an solchen Forschungen interessiert.

Wer erforscht die Ablagerungen von Blei in der Getreideproduktion längs den Autobahnen, wer erstellt in allen deutschen Großstädten genaue Listen über den Grad der Luftverschmutzung und Schwermetallablagerung samt allen wirtschaftlichen und gesundheitlichen Konsequenzen?

Kurzum: Forschung geschieht grundsätzlich parteilich, sowohl im Arbeitsansatz wie in ihrer Finanzierung.

Zur Parteilichkeit in der Ermittlung, der Produktion und der wissenschaftlich-systematischen Aufbereitung von Wissen tritt die gezielt auswählende und damit parteiliche Informationspolitik derjenigen, die in den Massenmedien das Sagen haben, die Bücher und Aufsätze herausgeben und auf alle nur denkbar relevante Art und Weise das öffentliche Bewußtsein bestimmen. Die Erfahrung, daß unbequeme Wahrheiten öffentlich verschwiegen werden, läßt auf Mittel und Wege sinnen, unterdrückte und unterbliebene Nachrichten, also diejenigen Informationen, die in Fernsehen, Radio, Massenpresse, Politikerreden bewußt ausgegrenzt, weggelassen und verschwiegen werden, zu veröffentlichen.

Gegen-Öffentlichkeit holt unterbliebene und unterdrückte Information nach und versucht die auslegende Zusammenfassung zerstückelter Realität. Sie wird produziert durch Alternativzeitungen, kritische Informationen, Demonstrationen, »graue« Literatur, Bürgerinitiativen – kurz: all diejenigen Einzelpersonen und Gruppen, die sich mit den öffentlich verbreiteten Lügen, die den Mächtigen nützen, nicht zufrieden geben und danach forschen, was denn nun »Sache« sei. Sie forschen selbst, übersetzen die Arbeit von Experten in allgemein verständliche und griffige Informationen und Argumente und versuchen, vorhandenes Wissen in den konkreten Lebenszusammenhang der angesprochenen Menschen einzubinden, indem deren Erfahrungen, Interessen und Bedürfnisse angesprochen werden.

Ich betrachte eine solche Arbeit als selbstorganisierte und selbstbestimmte Erwachsenenbildung, auf die die institutionelle Bildungsarbeit angewiesen ist und von der sie lernen kann, daß sich die Fülle wißbarer Daten erst strukturieren läßt, wenn die Kategorie des Interesses bewußt gemacht wird: Was muß und will ich unbedingt wissen? Welches Wissen ist zunächst einmal für mich und andere entbehrlich? Unter welchen Interessen ist dieser und jener Wissensbestand entwickelt und systematisiert worden?

Wie die eigenen Erfahrungen und Expertenwissen methodisch miteinander verbunden werden

Wie gelingt es, die falsche Auffassung zu überwinden, Wissen sei etwas Abgeschlossenes, ein für allemal Fertiges, Eigentum von Experten und Lehrenden, zu übernehmen von Lernenden, die es bislang nicht besitzen?

Wie gelingt es methodisch, nicht die lernenden Erwachsenen dem vorhandenen Wissen, sondern das Wissen den Ansprüchen der Lernenden so anzupassen, daß auf das Wissen hin und von dem Wissen her das eigene Erfahrungswissen strukturiert und im Hinblick auf die eigenen Interessen hin interpretiert werden kann?

Wie gelingt es, jemanden zu einer Haltung zu veranlassen, die er vorher nicht kannte und ihm beim mühsamen Prozeß des Umsteigens seine alten Erfahrungen als Haltegriffe so zu präsentieren, daß die alten Erfahrungen in einem neuen Zusammenhang erscheinen?

Ein methodisches Beispiel:

Angenommen, Sie wollen an einem Abend einen kirchlichen Problembereich zu einem Lernbereich machen, z. B.: das Stichwort »versteinerte Gemeinde«. Dann könnten Sie folgendermaßen vorgehen:

Zu Beginn des Gemeindeabends zu diesem Thema verabredet die Lerngruppe eine gemeinsame Erarbeitung der Problempunkte. Diejenigen, die zusammensitzen, bilden jeweils eine Dreier- bzw. Vierergruppe, die in einem 20minütigen Gespräch zwei Fragen (auf Zetteln verteilt) bearbeitet:

1. Wodurch würde sich meiner Vorstellung nach eine lebendige Gemeinde auszeichnen?
2. Was sind die Gründe (so meine Erfahrungen), daß sich diese Idealvorstellungen nicht realisieren lassen?

Die Ergebnisse dieses Kleingruppengesprächs werden dem Plenum nicht bekanntgegeben. Dann kommt ein kurzes (10 bis 15minütiges) Expertenreferat zu den gleichen Fragen (1. Phänomene versteinerter/verkrusteter Kirchengemeinden, 2. Sozialwissenschaftliche und kirchensoziologische Erklärungsversuche). Das Referat wird nicht im Plenum, sondern für etwa 10 Minuten in den Kleingruppen diskutiert, die sich fragen, inwieweit ihre Arbeitsergebnisse durch das Referat bestätigt, weitergeführt, unterboten oder völlig in Frage gestellt worden sind. Nach weiteren 10 Minuten der Auswertung des Referats in den Kleingruppen kann sich nun ein Gespräch im Plenum oder in mehreren Großgruppen in verschiedenen Räumen anschließen. Dies unter zwei Fragestellungen:

1. In welchen Punkten unterscheiden sich die Ergebnisse des Nachdenkens in unserer Kleingruppe von dem im Referat Gesagten?
2. Welche Punkte sind uns aufgrund unseres eigenen Nachdenkens und des Expertenreferates so zum Problem geworden, daß wir weiter darüber nachdenken sollten? Wie kann diese Weiterarbeit in Gang kommen?

So läßt sich die Frage, wie das Erfahrungswissen der Lerngruppe mit dem wissenschaftlich-systematischen Wissen aus Büchern, Aufsätzen und der Experten selbst vereinigt werden kann, meines Erachtens leicht beantworten:

- Dem Experten und seinem Wissen wird nicht mehr von vornherein Vorrang und Priorität eingeräumt. Er hat keinen Anspruch auf alleinige Sachkunde.
- Das Erfahrungs- und Alltagswissen der Lerngruppe zur präzise ermittelten Fragestellung wird in einem ersten Arbeitsschritt ermittelt, veröffentlicht, systematisiert, akzeptiert.
- Zur gleichen Fragestellung wird der wissenschaftliche Informationsbeitrag gehört, akzeptiert und in Beziehung zur gruppeneigenen Sicht der Dinge gebracht. Das Expertenwissen entwickelt sich so nicht mehr zum Herrschaftswissen, das nur übernommen oder abgelehnt werden kann, sondern es wird als fachlich ausgewiesener Beitrag zur Sachabklärung ver-

standen. Teilnehmerwissen und Expertenwissen werden zugunsten der Problemlösung gleichberechtigt miteinander ins Spiel gebracht.

4 Herrschaftsfreies Lehren und Lernen

Nachdem in den ersten Kapiteln die allgemeine Lebenspraxis als Ausgangspunkt, Inhalt und Zielpunkt der Erwachsenen-Bildung beschrieben worden war, geht es im folgenden darum, Sozialformen der gemeinsamen Lernarbeit zu skizzieren, die es Ihnen als Beteiligtem erlauben, wirklich als Erwachsener zu arbeiten und zu lernen, ohne wieder zu einem Kind und Schüler werden zu müssen.

Wer etwas weiß, der lehrt es den, der es wissen möchte

Im folgenden ist immer wieder die Rede von einer notwendigen »Entschulung« der Erwachsenenbildung. Ich benutze diesen Begriff, obwohl ich weiß, wie viele Lehrer und Schüler in den Schulen versuchen, ihr Lehren und Lernen verantwortlich und demokratisch zu organisieren. Da Sie selbst alle positiven Wege herauszufinden und zu erproben haben, ob sich die Lebensauffassung selbstbestimmten Lernens und Lebens realisieren läßt, sei der negative Ausdruck »Entschulung« eher zur Kennzeichnung dessen verwandt, was Sie an Fehlformen und Verkrustungen institutionellen Lernens hinter sich lassen können. Dieser plakative Begriff stammt von I. Illich (1973). Er machte für den von ihm selbst in den USA und in der »Dritten Welt« (Lateinamerika) erlebten Zusammenhang der Entwicklungsmöglichkeiten für Privilegierte und der Chancenlosigkeit für die übrigen das bestehende Bildungssystem verantwortlich: Die Schule sei dem Zusammenbruch nahe. Sie koste zu viel. Sie schädige zu viele Kinder. Sie behindere zu viele talentierte Lehrer. Sie übergehe den Großteil der Menschheit. Wie auch immer Schule organisiert werde, sie liefere den Schüler dem Lehrer in seiner vielfältigen Rollenfixierung als Wächter, Prediger und Therapeut, als Zeremonienmeister, Schiedsrichter, Moralist und Ideologe aus, denn die Schule kenne nur ein lehrergebundenes Lernen nach staatlich vorgeschriebenen und damit fremdbestimmten Lern- und in ihrem Gefolge auch Lebenszielen.

Illichs Forderung, das öffentliche Schulsystem gänzlich zugunsten unabhängiger individueller Lernprozesse abzuschaffen, fand zunächst große Aufmerksamkeit, blieb aber im Kern fast folgenlos: Im akademischen Bereich wird Illichs Kritik kritisiert. In der pädagogischen Praxis sind vereinzelt Projekte alternativer Bildungsarbeit entstanden, die zum Teil Illichs Forderung nach Entschulung in einer jeweils eigenständigen Form als kritische Anregung aufgenommen und konstruktiv genutzt haben.

Hier meint »Entschulung« als Programmbegriff die bewußte Alternative zur traditionellen Schule mit ihrem Zwangscharakter, ihrer Verpflichtung auf staatliche Lehrpläne, ihren standardisierten Lehr- und Lernmitteln sowie ihren strengen Leistungskontrollen (Tests, Noten, Zeugnisse).

Neben I. Illich haben mich vor allem die Arbeiten von P. Freire angeregt. Er fordert immer wieder, daß Lernen nicht in der Aneignung fremden Wissens bestehen soll, sondern in der Wahrnehmung der eigenen Lebenssituation und ihrer Widersprüche durch Reflexion und Aktion, um sich gemeinsam mit anderen behaupten zu können.

Er macht deutlich, daß der Lehrende in der Erwachsenenbildung, die als Erkenntnisakt verstanden wird, nur eines der Subjekte dieses Aktes ist. Er hat die Aufgabe, die besten Wege und Mittel zu finden, die es den Lernenden ermöglichen, selbst die Rolle des Subjektes der Erkenntnis auszuüben. Er hat nicht das zu Lernende ganz alleine freizulegen, um es danach in väterlicher Güte den Lernenden zu überreichen, denn damit würde er ihnen die für den Erkenntnisakt unerläßliche Mühe des Suchens vorenthalten. Es ist der Gegenstand der Erkenntnis, der das Verhältnis zwischen Lehrenden und Lernenden vermittelt. Dieses Verhältnis erhält seine Brisanz nicht durch brilliante Informationen des Lehrers als eines Superexperten, sondern durch die kritische Auseinandersetzung mit dem Objekt der gemeinsamen Analyse. Natürlich benötigen die Lernenden beim neugierigen Herangehen an das Objekt ihrer Analyse notwendige Informationen, doch muß ihnen eine gemeinsame Problematisierung vorangehen, sonst verbleibt das Erkennen des Wissens im »Verzehr« vorgekauten Wissens. Es gilt, immer wieder wißbegierig, schöpferisch und erfinderisch die Rollen zu erfüllen, die der Erkenntnisakt von seinen Subjekten verlangt, lernender Lehrer und lehrender Lernender zu sein (Freire 1980, S. 16 ff.).

Die klassische Unterordnung des Lernens unter das Lehren

Im folgenden wende ich mich in erster Linie an diejenigen unter Ihnen, die als pädagogische Mitarbeiter, Referenten, Dozenten in der Erwachsenenbildung hauptberuflich tätig sind oder nebenberuflich/ehrenamtlich mitarbeiten. Gleichzeitig können Sie als Leser, die bisher noch in der Rolle von Teilnehmern mitarbeiten, aufgrund der hier formulierten Einsichten »Ihrem/Ihrer« Leiter/Leiterin Hilfen geben, aus einer Zwangsjacke herauszuschlüpfen, die nicht nur die Leiter, sondern durch sie alle am Lernen Beteiligten an der Entdeckung und Inanspruchnahme bislang übersehener und nicht vermuteter Kompetenzen hindert.

Als die Jüdin Lea Rosenzweig 1979 beschloß, nach Israel auszuwandern, schilderte sie in der Frankfurter Rundschau (31. 3. 1979) ihre Gründe. Aus ihrer Erfahrung im beruflichen Schulwesen heraus notierte sie u. a., daß sie in der Bundesrepublik die Neigung zur permanenten Kritik an den Leistungen und dem Verhalten der Kinder beobachtet habe:

> »Wenn ein Kind ein Bild malt, so ist eine typische Reaktion: ›Das hast du fein gemacht, aber hier hättest du noch ein bißchen schöner malen können.‹ Sogar in dem Lob steckt immer ein wenig Kritik und diese Kritik bewirkt, daß das Kind Angst bekommt, etwas falsch zu machen und sich

furchtbar viel Mühe gibt, alles richtig zu machen. Woher weiß es aber, was richtig oder falsch ist? Das sagen einem zuerst die Eltern, dann der Lehrer, dann der Vorgesetzte. Das sagt einem das Gesetz und die Verordnung. Und jeder trachtet danach, alles genau auszuführen, damit man ihm nicht vorwerfen kann, einen Fehler gemacht zu haben. Und wenn etwas unklar ist, ruft man sofort nach einer neuen Anweisung.«

Pädagogik ist in allen ihren Spielarten eigentlich immer unzufrieden mit dem Menschen, so wie er jeweils ist. Sie ist stets bestrebt, entdeckte Mängel auszugleichen. Der zu Erziehende wird zum Objekt erzieherischen Prägens, Gestaltens, Führens, womit Erziehung fast immer ein Gewaltverhältnis von Menschen über Menschen herstellt und aufrechterhält.

Die widersprüchliche Art und Weise, wie der Lehrer dem Schüler im schulischen Unterricht den »Stoff beibringt«, wie er ihn zur Mündigkeit, zum Subjekt erziehen will (immer wieder behauptetes Richtziel der Schule), indem er ihn permanent zum Objekt von Unterweisung, Zensuren, Überwachung, Korrekturen macht, kann in unterschiedlichen kritischen Bildern beschrieben werden: C. Gattegno (1974) bezeichnet die traditionelle Form des Schulunterrichts als »Unterordnung des Lernens unter das Lehren«: Mit der einen Hand empfange der Lehrer das Wissen von den begnadeten Leuten, die klug genug waren, es zu produzieren, bzw. der Lehrer nehme das Wissen von den Regalen herunter, wo es in Form kluger Bücher ausliege, und reiche es mit der anderen Hand an den Schüler weiter.

P. Freire beschreibt in einer ganzen Reihe von Bildern die von ihm als »Bankiers-Konzept« bezeichnete Normalerziehung:

Das Schüler-Lehrer-Verhältnis bestehe bislang fast immer darin, daß ein übermittelndes Subjekt (der Lehrer) geduldig zuhörende Objekte (die Schüler) mit den Inhalten seiner Übermittlung fülle. Die Schüler würden dadurch zu »Containern«, zu »Behältern« gemacht, die vom Lehrer »gefüllt« werden müßten. Je vollständiger der Lehrer die Behälter fülle, ein desto besserer Lehrer sei er. Je widerspruchsloser die Behälter sich füllen ließen, um so bessere Schüler seien sie. So werde Bildung zu einem Akt der »Sparanlage«, wobei die Schüler die »Anlageobjekte«, der Lehrer aber der »Anleger« sei. In diesem »Bankierskonzept« der Erziehung gehe der den Schülern zugestandene Aktionsradius nur so weit, die Einlagen entgegenzunehmen, sie zu ordnen, aufzustapeln und sie in Prüfungen bilanzieren zu können.

Dieses unterdrückerische Lehrer-Schüler-Verhältnis spiegele unmittelbar die unterdrückerische Gesellschaft wider.

Sehr häufig wird Erwachsenenbildung als Fortsetzung dieses schulischen Über- und Unterordnungsverhältnisses verstanden. So gilt die sperrige Bezeichnung »Erwachsenenbildner« demjenigen, der andere Erwachsene bildet, der anderen etwas »beibringt«, sie prägt, führt und erzieht. Obgleich die erwachsene Lerngruppe durch Lebenspraxis und Arbeitserfahrungen ein vielfältiges und differenziertes Wissen erworben hat, mit dem gearbeitet werden könnte *(Didaktik als Organisation von Alltagserfahrungen)*, unterstellt der Leiter/Dozent/Referent/ »Andragoge« sehr oft, erst und nur durch seine Belehrung werde das notwendige Wissen hergestellt. Er sieht sich als allgegenwärtiger, allwissender und unentbehrlicher Macher, Initiator, Ausgangspunkt, Dirigent (»Wir wollen jetzt anfangen!«), Dompteur (»Bitte alles auf die Plätze«; »Alles-schaut-zu-mir«-Attitude), Kontrolleur und zugleich als sozialer Mittelpunkt des Geschehens:

Es ist für ihn selbstverständlich, daß er direkten Zugang zu seinen Herrschaftsmitteln (Tafel, Kreide, Wandtafel, Wandzeitung, Filzstifte etc.) hat. Er hat das Seminar zumeist alleine vorbereitet, geleitet von teilnehmerbezogenen Phantasien, die sowohl positive Erwartungsvorstellungen (»So sollten die Teilnehmer sein! Das müßten sie tun!«) wie Befürchtungen (»Das darf auf keinen Fall passieren!«) enthalten. Er hat schon vorweg über die Ziele entschieden und bittet allenfalls um Kenntnisnahme. Er eröffnet und schließt. Er leitet die Diskussion, ordnet sie, unterbricht, fragt zurück, hakt ein. Er darf Teilnehmeräußerungen bewerten (»Das haben Sie sehr schön gesagt, Herr Müller!«). Die meisten Gruppenmitglieder schauen ihn an, wenn sie sprechen und sind glücklich, wenn er zu dem Gesagten zustimmend nickt oder sogar ein Lob (»Sehr gut!«) erteilt. Warum tun wir uns als Verantwortliche in Bildungsveranstaltungen so schwer, aus dieser zu Recht kritisierten Lehrerrolle herauszukommen?

W. Schmidbauer (1977, S. 42 f.) merkt an, daß das pädagogische Selbstverständnis des Lehrer-Schüler-Verhältnisses in seiner Entstehung mit der christlichen Erziehung und der historischen Auffassung von der Erbsünde des Menschen zu tun habe:

Die alte Lehre, daß der Mensch von Natur aus sündhaft, also schlecht und der Hölle verfallen sei, wenn er nicht durch die Gnadenmittel des Glaubens und der Kirche gerettet werde, sei der symbolische Hintergrund einer Erziehung, in der dem Kind von Anfang an vermittelt wird, es sei so, wie es augenblicklich sei, nicht gut. Das theologische Konzept der Erbsünde werfe einen psychologisch zu beschreibenden »Schatten« in der Form eines dauernden Schuldgefühls: Die Angst, vor den verinnerlichten Forderungen zu versagen, nicht wertvoll, nicht gut zu sein, werde vor allem durch Leistung bekämpft. Das Ich verschmelze mit dem strengen Über-Ich. Das eingeengte Ich, dem nur die Identifizierung mit dem Über-Ich (der Eltern, der Erzieher, der Schule etc.) Stärke verschaffe, suche sich die Umwelt zu unterwerfen und sie in rastloser Tätigkeit zu verändern. Dabei werde die gegenwärtige Situation, der Ist-Zustand, als ähnlich unvollkommen erlebt, wie sich das immer noch nicht genügend leistungsfähige Kind oder die stets vom Makel der Erbsünde belastete Seele erlebe.

M. L. Moeller (1979, S. 1) verweist in einem anderen Zusammenhang auf zwei ebenbürtige, nicht voneinander lösbare und kaum zu bezwingende Neigungen des Menschen, die wegen ihres Ursprungs in grauer Vorzeit triebähnlichen Charakter haben: mächtig zu sein und sich auszuliefern, die Lust zu herrschen und die Lust, hörig zu sein. Im Macht-Ohnmacht-Verhältnis bewirkt die eine Rolle die andere: Derjenige, der herrscht, verlangt so sehr nach dem Hörigen, wie der Hörige nach dem Herrscher verlangt. Beide sind in elementarer Form aufeinander angewiesen, da jeder seine Identität aus dem anderen bezieht. Deshalb kommen beide Rollen auch nicht einzeln vor.

Wie Sie als Leiter vom Kommandeur zum Lotsen und Berater werden

Ärzte benötigen Patienten, Kranke brauchen aber nicht unbedingt einen Arzt, um gesund zu werden. Lehrer benötigen Schüler, um ihren Beruf ausüben zu können. Schüler benötigen aber nicht unbedingt professionelle Lehrer, um etwas zu lernen, noch weniger Erwachsene, die etwas über sich selbst, ihre Lebenswirklichkeit und die Zukunft ihrer Kinder herausfinden wollen.

Welche Funktionen können dann aber pädagogische Mitarbeiter/Leiter/Referenten in der Erwachsenenbildung sinnvollerweise ausüben?

Der tansanische Staatspräsident J. Nyerere (1977, S. 37) hat einmal folgendes Bild gewählt: »Der Lehrer von Erwachsenen ist ... ein Lotse auf dem Weg, den alle gemeinsam bereisen werden. Die Organisatoren und Lehrer eines Erwachsenenbildungsprogramms können nichts anderes sein als solch ein Lotse; um ihre Aufgabe gut zu erfüllen, müssen sie sich daher bewußt mit denjenigen identifizieren, die daran hauptsächlich als Lernende teilnehmen.«

Ein Lotse ist nicht während der ganzen Schiffsreise an Bord. Er wird freiwillig an Bord genommen, wenn es gilt, eine der Schiffsbesatzung unbekannte und als risikoreich beschriebene Fahrtstrecke zu meistern. Der Lotse gilt deshalb als Autorität für diese Passage, weil er den Weg, den er andere führt, genau kennt und schon unzählige Male hinter sich gebracht hat.

An diese Metapher vom Leiter als Lotsen sollen im folgenden noch andere Erwartungen und Bilder, Leitungsmodelle und pädagogische Prinzipien angehängt werden. Sie stammen aus unterschiedlichen sozialen Situationen, stehen in unterschiedlichen Verstehens- und Realisierungszusammenhängen und sind von unterschiedlichen Zielen, Inhalten und Organisationsformen bestimmt. Sie haben gemeinsam, daß die Lehrenden die Lernenden als Subjekte des Lernens ernstnehmen, wie es ein Lehrerprinzip der Tvind-Schule in Dänemark meint:

»Die Lehrer an der Schule nehmen zusammen mit den Schülern an der Arbeit teil und lernen davon in gleichem Maße. Dadurch wird die Erfahrung ermöglicht, daß die Lehrer keine Personen mit Köpfen voller Wissen sind, welches sie in die Köpfe der Schüler stopfen sollen. Nur wenn die Lehrer einsehen, daß auch sie von den Schülern lernen, wird es den Schülern möglich, die Erfahrungen der Lehrer zu nutzen« (betrifft: erziehung 10/1977, S. 43).

Der Leiter wird zum integrierten wie integrierenden Faktor. Er hat die Funktion, anzuregen und anzuleiten, daß sich jedes Gruppenmitglied auf die Sache und die anderen Personen einläßt, sich mit den Gegebenheiten auseinandersetzt und dazu beiträgt, gemeinsame Lernaktivitäten als Gruppenaktivitäten zu entwickeln.

Aus dem Sozialingenieur, der Lernprozesse wie einen maschinellen Prozeß einzurichten versucht, im ganzen aber distanzierter Beobachter des Lernens bleibt, wird so ein teilnehmender Beobachter der gemeinsamen Versuche. Der pädagogische Begleiter wird als Person in den sozialen Prozeß einbezogen. Der Lehrende lernt in, mit und von der Gruppe. Die Lernenden lehren. Die Hilfe des Leiters zur Selbstbildung der lernenden Erwachsenen kann auch als Bildungsberatung beschrieben werden: Er vermittelt zwischen gesellschaftlich erforderlichen und möglichen Lerngelegenheiten und der Lebensgeschichte der einzelnen Beteiligten, zwischen Institutionen und Individuen, zwischen Experten und Laien, Alltagserfahrungen und Wissenschaft. Diese Beratung schließt inhaltliche wie methodische Elemente ein. Sie enthält hier Anregungen, dort Anweisungen, ist stellenweise Einzelgespräch und individuelle Lebenshilfe, stellenweise Instruktion für Gruppen.

Der Leiter steht zur Verfügung: zum Erfahrungsaustausch, zur methodischen Anleitung, zur Wissensvermittlung, zur Konfliktberatung. Er leitet nicht im klassischen Sinne an, sondern begibt sich mit seinen Sach- und Methodenkompetenzen in den gemeinsamen Reflexions- und Problemlösungsprozeß in der Aufeinanderfolge von Lernen, Lehren und Lernen.

Die Selbstbestimmung der Teilnehmer kann nur zunehmen, wenn der Leiter die asketische Mühe auf sich nimmt, aufmerksam und aktiv zuzuhören. Er lehrt das Lernen dadurch, daß er das gegenseitige Lehren lehrt. Hat er sich entschlossen, in der Gruppe das Lernen aus eigener Kraft anzuregen und zu unterstützen, muß er auf seinen sachlichen und pädagogischen Unfehlbarkeits- und Alleinvertretungsanspruch in Sachen Lehren/Lernen verzichten, ihn bekämpfen und von den Teilnehmern bekämpfen lassen: »Lehrer, die sich ständig auf ihre Erfahrungen und ihr Wissen berufen, sind selber dumm, denn so können sie von den Schülern nichts mehr lernen. Auch die Schüler können mit so einem Lehrer nicht viel lernen: Da bewegt sich nichts mehr, da stehen sie still, blicken voll Angst und wütend nach oben und hoffen auf den Feierabend« (Beck 1978, S. 29).

Alles, was die Gruppe selbst erarbeiten kann, muß für Sie als Leiter zunächst tabu sein. Um ein Bild zu gebrauchen: Welches Elternpaar würde seinen Kindern bis in deren hohes Alter hinein Brote schmieren, sie waschen, anziehen, ihnen alle Arbeiten abnehmen und sie vor jedem Fehler schützen, obwohl sie gerade aus Fehlern lernen können und müssen. Wenn Sie selbst Kinder haben, wissen Sie wie ich auch, daß das Zusammenleben nicht durch Gebote und Verbote gefördert wird, sondern dadurch, daß Eltern und Kinder miteinander abklären, wie sie jeweils die Sache sehen, was sie jeweils wollen und daß argumentativ alles, was von einander abweicht, miteinander verglichen, ins Spiel gebracht und nach Möglichkeit gemeinsam entschieden wird.

W. Moßmann hat am Beispiel der »Volkshochschule Wyhlerwald« anschaulich beschrieben, wie die organisatorischen und inhaltlichen Bedingungen lebensrelevanten Lernens (hier: Bürgerinitiative gegen Kernkraftwerksbau) nicht durch Institutionen und deren Vertreter (Leiter/Veranstalter) vorgeschrieben werden, sondern durch die Lernenden selbst regelbar sind:

»Nach den ersten Wochen Volkshochschule Wyhlerwald äußerten einige Einheimische Kritik am Programm, weil es doch zu akademisch und eben von Freiburg aus gemacht sei. Also versuchten die Organisatoren, das zu ändern. Sie fragten bei Vollversammlungen auf dem Platz und in den Dörfern herum, wer denn was zu sagen hätte. Und das waren überraschend viele. In der Sparte ›Landwirtschaft‹ (Thema Nr. 3) sah das zum Beispiel so aus: Anfänglich traten Diplombiologen und Diplomlandwirte auf, Doktoren und gebildete Spezialisten. Jetzt meldeten sich die praktischen Experten.

Zwei Winzer berichten über die Besonderheiten des Weinbaus am Kaiserstuhl, die Organisation der Genossenschaften, Rebensorten und Pflege. Drei Tabakpflanzer beschreiben die Arbeit in ihren besonders empfindlichen Sonderkulturen. Ein Fischer erklärt und demonstriert, was in den Altrheinarmen noch zu hegen und zu fangen ist. Einer der zahlreichen Imker stellt seinen Beruf vor. Oft ergeben sich aus solchen Veranstaltungen kleinere und größere Initiativen. Ein Landwirt berichtet zum Beispiel von guten Erfahrungen mit biologisch-dynamischen Methoden. Ein anderer, der noch auf die Chemie schwört, kann es nicht glauben. Die beiden haben sich im Kampf gegen das Kernkraftwerk kennengelernt, jetzt tauschen sie die Adressen und wollen jeweils an Ort und Stelle nachprüfen, was jeder behauptet hat.«

(in: Dauber/Verne 1976, S. 163)

Leitungsverhalten als ständig kontrolliertes Experiment

Nicht alles auf einmal

Der Mullah, ein Prediger, kam in einen Saal, um eine Rede zu halten. Der Saal war leer bis auf einen jungen Stallmeister, der in der ersten Reihe saß. Der Mullah fragte den Stallmeister: »Es ist niemand außer dir da. Soll ich deiner Meinung nach sprechen oder nicht?« Dieser antwortete: »Herr, ich bin ein einfacher Mann, davon verstehe ich nichts. Aber wenn ich in einen Stall komme und sehe, daß alle Pferde weggelaufen sind und nur ein einziges dageblieben ist, werde ich es trotzdem füttern.« Der Mullah nahm sich das zu Herzen und begann seine Predigt. Er sprach über zwei Stunden lang. Danach fühlte er sich sehr erleichtert und glücklich und wollte durch den Zuhörer bestätigt wissen, wie gut seine Rede war. Er fragte: »Wie hat dir meine Predigt gefallen?« Der Stallmeister antwortete: »Ich habe bereits gesagt, daß ich ein einfacher Mann bin und von so etwas nicht viel verstehe. Aber wenn ich in einen Stall komme und sehe, daß alle Pferde außer einem weggelaufen sind, werde ich es trotzdem füttern. Ich würde ihm aber nicht das ganze Futter geben.«

(Peseschkian 1977, S. 30 f.)

Der Mullah der persischen Geschichte hatte das Glück, in seinem Schüler einen Lehrer zu finden, der ihn über das rechte Lehren aufklären konnte. Bei rechter Aufgeschlossenheit gegenüber all den körperlichen und mündlichen Signalen aus der Gruppe und bei gezielter Inanspruchnahme von Kritik können dem Leiter aus der Gruppe heraus in und nach jeder Erwachsenenbildungsveranstaltung eine Fülle von Hilfen erwachsen, mit seinem schwierigen und widerspruchsvollen Amt fertigzuwerden.

Er ist schließlich kein Teilnehmer wie alle anderen. Es gibt ganz konkrete Erwartungen an ihn, sowohl von seiten seines Auftraggebers, als auch aus der Sicht der wechselnden Lerngruppen. Es gibt die Erwartungen an sich selbst, gegen das erhaltene Honorar auch etwas zu bieten. Der Leiter muß ebenso demokratisch wie autokratisch handeln können, damit die geplante Lernarbeit nicht im bloßen Kaffeeklatsch, in Machtkämpfen, Zufallsgeschichten oder einer Musterschule endet.

Er weiß, daß er, je mehr Selbständigkeit er anderen zugesteht, desto weniger direkten Einfluß ausüben kann. Aber das ist nicht seine einzige Schwierigkeit: Er hat mit den verhandelten Inhalten klarzukommen, seinen mitgebrachten, hier und jetzt verlangten Fähigkeiten, seinen Arbeitsstörungen, seinen

Ängsten vor der Gruppe und deren Kritik, seinen Selbstbewertungsproblemen, seinen Sehnsüchten nach Zuwendung, Anerkennung, Erfolg und Belohnungen (»Streicheleinheiten«).

Leiter sein heißt nicht völlige Selbstaufgabe, Erpreßbarkeit durch die Gruppe. Es heißt nicht, ständig Einzelwünschen nachzugeben, alles selbst sorgfältig Geplante zu verleugnen, bloß weil ein Teilnehmer es partout anders organisieren möchte. Leiter sein kann auch heißen, der Lerngruppe Versagung und Arbeitsdisziplin zuzumuten. Die erstrebte Stärkung der Autonomie der Beteiligten kommt ja kaum dadurch zustande, daß der Leiter den immer wieder aufkommenden, aus früher Kindheit rührenden Wünschen der Lernenden nach uneingeschränkter Versorgung entspricht.

All diese Anmerkungen machen deutlich, daß die im Dialog der Beteiligten selbstentworfenen Lernprozesse für alle ein soziales Abenteuer in einem oft von Phantasien besetzten Neuland bedeuten. Das Gelingen dieses Abenteuers steht und fällt damit, wie der Leiter mit sich selbst und den anderen umgeht.

Es ist schwer, sich ganz bewußt und beharrlich der tief verinnerlichten Generalistenrolle zu entäußern. Es ist schwer, das mühsam angelesene und systematisch gehortete Wissen des Fachmanns, der man ist und auch bleiben möchte, zugunsten eigener, uneingeschränkter Suchbewegungen der Lerngruppe zurückzuhalten, um Förderer aktiven Lernens, Lernorganisator, Gruppenbegleiter, Hilfskraft, Animateur, Regisseur von Selbst- und Gruppentätigkeit, Gesprächspartner, Lernhelfer, Fachmann für die Unterstützung von Lernprozessen zu werden. Meine eigenen Erfahrungen und Gespräche mit Kollegen bestätigen sich immer wieder darin, daß der Leiter nicht nur durch seine Ausbildung, sondern insbesondere durch seine gründliche sachliche Vorbereitung meist wie eine Batterie »aufgeladen« ist. Je besser er vorbereitet ist, desto größer ist der Druck, alles loszuwerden. In dem alles entscheidenden Umgang mit sich selbst (Leitungsverhalten als ständig kontrolliertes Experiment) geht es um Selbstbeherrschung und Geduld des Leiters (»geduldige Ungeduld«; P. Freire), um reichlich vorhandene und beliebig vermehrbare Zeit, um Verständnis für Umwege im Denken und Askese darin, nicht die von den Teilnehmern zu erarbeitenden richtigen Lösungen bei der kleinsten Lösungsschwierigkeit sofort selbst vorzugeben.

Die Absicht muß lauten, heute das zu tun, was heute möglich ist, rasch voranzugehen, aber nicht zu hasten: »Niemals weniger tun, als das, was wir tun können, aber auf keinen Fall Dinge zu tun versuchen, die zu tun wir wirklich noch nicht in der Lage sind« (A. Cabral, zit. bei Freire 1980, S. 71).

Schlägt die benötigte Geduld in Ungeduld um (»Die kostbare Zeit rennt nur so dahin . . .! So kommen wir nicht weiter! Ich möchte doch sehr bitten!«), wird meistens nur noch Wissen abgespult, fertig vom Experten verpackt, als Paket weitergereicht. Dann kommt zwar dichte Belehrung, aber kaum noch Lernen zustande, für das ein Gespräch unentbehrlich ist, in dem in dynamischer Form das Wissenswerte erarbeitet wird.

Es kommt für den Lehrenden darauf an, aus der Alles-oder-nichts-Haltung herauszukommen. Versuchen Sie so oft wie möglich, mit späteren Teilnehmern zusammen das Seminar vorzubereiten, arbeiten Sie im Team, lassen sie andere Gesprächsleiter und Organisatoren sein, bleiben Sie selbst auf der Reservebank. Wenn Sie dann als Fachmann angefragt werden, halten Sie bitte keine langen Vorträge (Pfauenrad). Geben Sie zu, die hier und dort benötigten Fakten, Zahlen, Daten, Problemlösungen, Bücher nicht alle zu kennen, aber erklären Sie sich bereit, sie mit anderen zusammen besorgen zu wollen. Indem Sie sich selbst als Lernender und Arbeitender zu erkennen geben, können Sie sich als Fachmann entlasten, damit den übrigen Erwachsenen Würde zuerkennen und sie als Lernende aufwerten.

Erbitten Sie bei Freunden oder aus der Gruppe (kleine Feedback-Gruppe) eine gezielte Kontrolle Ihres Leitverhaltens oder organisieren Sie grundsätzlich eine teilnehmende Beobachtung, an der sich im Wechsel reihum alle beteiligen. Diese kritische Begleitung des Leiters durch die Gruppe ist ja auch deshalb so wichtig, weil der Leiter (insbesondere in der Anfangsphase) durch sein Verhalten Normen für die Kommunikation in der Gruppe setzt. Von der Beständigkeit seines Verhaltens (man sei der, der man auch im Privatleben ist) hängt die Gruppenarbeit ab. Die Breite seiner Frustrationstoleranz, sein beobachtbarer Umgang mit den eigenen Stärken, Schwächen, Gefühlen und Bedürfnissen, der praktizierte Arbeitsstil – all das hat eine außerordentliche Wirkung auf die Lerngruppe, positiv wie negativ. Daher sollten Sie als Leiter genügend Selbsterfahrungstraining absolvieren, um Ihre persönliche Gleichung kennenzulernen. Nur so können Sie die verschiedenen Abwehrformen in der Gruppe erahnen und sie richtig einordnen. Nur so erhalten Sie die Chance, sich so zu verhalten, daß die in der Gruppe immer schon vorhandenen Abhängigkeitstendenzen nicht noch verstärkt werden.

»Wachsamkeit ist in der Kultur ebenso unerläßlich wie in der Politik« (A. Cabral, zit. bei Freire 1980, S. 113).

Lernen in eigener Verantwortung und aus eigener Kraft

Versuchen Sie bitte, einmal ganz langsam und Zeile um Zeile über die Fragegeschichte von Annemarie Wietig (1975) zu meditieren:

Das Haus der Wunder

Wußtest du eigentlich schon,
daß du ein Haus bist?
daß du ein Denkhaus bist?
daß du ein Lenkhaus bist?
daß du ein Merkhaus bist?
daß du ein Werkhaus bist,
ein Wirkhaus?
Wußtest du eigentlich schon,
daß deine Augen Fenster sind?
daß du in deinem Dachstübchen
eine tolle Denkmaschine stehen hast?
daß du in deinem Oberstübchen
einen regelrechten echten Computer stehen hast,
der dir allein gehört?

Wußtest du eigentlich schon,
daß du ein Haus voller Fragen bist?
daß du ein Abersagerhaus bist?
daß du vom Keller bis zum Dach
angefüllt bist mit Träumen?
daß aus deiner Haustür Wörter herauskommen?
Ein ganzer Schwall von Wörtern, die du gefunden
und geformt hast?
Ein ganzer Strom von Wörtern, die deine,
deine ureigenste Produktion darstellen?
Wußtest du eigentlich schon,
daß dein Ich das Haus der Wunder ist?
Und daß aus dem Schornstein deines Ichhauses
täglich bunte Zauberblumen
rauskommen, in die Luft aufsteigen
und wieder hinabschweben?

Ich zitiere noch einige Zeilen aus T. H. White's »König auf Camelot«:

»Das beste Mittel gegen Traurigkeit ist«, entgegnete Merlin und paffte heftig vor sich hin, »etwas zu lernen. Das ist das einzige, was einen nie im Stich läßt. Du kannst alt werden und zittrig und klapprig, du kannst nächtens wach liegen und dem Durcheinander deiner Adern, dem wirren Gefühl deiner Gedanken lauschen, du kannst dich nach der großen Liebe verzehren, du kannst zusehn müssen, wie die Welt um dich her von bösartigen Irren verheert und verwüstet wird, oder wissen, daß kleine Geister deine Ehre in den Schmutz treten. Da gibt's nur eines: lernen. Lernen, weshalb die Welt wackelt und was sie wackeln macht. Das ist das einzig Unerschöpfliche, Unveräußerliche. Nie kann's dich quälen, niemals dir Angst einjagen oder Mißtrauen einflößen, und niemals wirst du's bereuen. Lernen mußt du, nichts anderes. Überleg doch mal, was es alles zu lernen gibt – reine Wissenschaft, die einzig vorhandene Reinheit. Astronomie kannst du in einer Lebensspanne lernen, Naturgeschichte in dreien, Literatur in sechsen. Und dann, wenn du Milliarden Leben mit Biologie und Medizin zugebracht hast, mit Theo-Kritik und Geographie und Geschichte und Wirtschaftswissenschaft – nun, dann kannst du anfangen zu lernen, wie man aus dem richtigen Holz ein Wagenrad macht, oder fünfzig Jahre lang lernen, wie man lernt, seinen Gegner beim Fechten zu besiegen. Danach kannst du wieder mit der Mathematik beginnen, bis es Zeit ist, pflügen zu lernen.« (White 1976, S. 180)

Die in diesen beiden Texten genannten Möglichkeiten, das eigene Leben zu bereichern, beanspruchen Ihre eigene Aufmerksamkeit, Ihre Vorfreude, Experimentierbereitschaft und Ihre Phantasie so sehr, daß Sie sich nicht allzu lange und allzu oft mit solchen Lehrern belasten sollten, die ihnen aufdrängen, was *sie* gerne möchten, das *Sie* zu lernen hätten.

Während der langen Phase Ihrer Kindheit und Ihres Heranwachsens waren Sie auf den Schutz anderer Erwachsener angewiesen. Aus dem Umgang mit Ihnen sind Ihre eigenen Grundfähigkeiten entstanden, heute selbst als Erwachsener Ihre sozialen Beziehungen gestalten zu können. Sie sind jetzt frei, sich Ihres eigenen Verstandes und Ihrer eigenen Kräfte zu bedienen, selbst zu entscheiden, selbst etwas zu erarbeiten, anstatt sich bedienen zu lassen.

»Aus Teilnehmern werden die Veranstalter Ihres eigenen Lernens«, so lautet die Programmformel für diese Bemühung; aus der Sicht des Leiters gesehen: »Die Verantwortlichkeit für das gemeinsame Lernen wird an die Betroffenen zurückgegeben« (vgl. Alternative Schulen 1978, S. 33).

Jeder der Beteiligten übernimmt Verantwortung für sein eigenes Lernen und dafür, daß er andere nicht behindert. Wie es in einem der Prinzipien der Tvind-Schule in Dänemark heißt: »Zusammen mit deinen Kameraden mußt du selbst die Triebkraft der Arbeit sein. Es sind nicht die Tricks der Lehrer, die dich aktivieren sollen, dazu ist das Leben zu ernst« (betrifft: erziehung 10/1977, S. 43).

Die Gruppenpsychologen Bach und Molter (1979, S. 61) machen ihrer Gruppe jeweils folgende Verhaltensvorschläge:

»1. Sie sind für Ihr Erleben, Tun und Handeln in der Gruppe

verantwortlich. Die Teilnahme ist Ihre persönliche Entscheidung.

2. Übernehmen Sie auch die Verantwortung für Ihre Gefühle, auch die sog. negativen. Versuchen Sie, diese direkt auszusprechen, anstatt sie hinter Fragen, Vermutungen und Verallgemeinerungen zu verstecken.
3. Sprechen Sie für sich selbst, nicht für andere. Vermeiden Sie Ausdrücke wie ›man tut dies oder das (nicht), wir sind alle hier der Meinung oder es war schon immer so‹.
4. Vermeiden Sie, andere auszufragen. Hinter Ihren Fragen stehen meistens Vermutungen oder Hypothesen. Sprechen Sie diese direkt aus. Fragen, besonders Warum-Fragen, drängen in Verteidigungshaltung.
5. Reden Sie nicht über Teilnehmer, sondern sprechen Sie diese direkt an.
6. Vermeiden Sie Klatsch über Abwesende.
7. Wenn Sie die Worte ›ich kann nicht‹ als Entschuldigung gebrauchen, weil Sie eine Übung nicht mitmachen wollen, überlegen Sie, ob ›ich will nicht oder mir paßt das nicht‹ eine aufrichtige Antwort ist.
8. Störungen haben absoluten Vorrang.
9. Rauchen Sie nicht, trinken Sie keinen Alkohol, nehmen Sie keine Tabletten oder Drogen. Narkotika setzen die Spannung herab und berauben Sie der Chance, aufkommende Angst oder Schmerzen in der Gruppe zu bearbeiten.«

Schon vor Jahren wurde in den Resolutionen der 3. Weltkonferenz der UNESCO über Erwachsenenbildung (Tokio 1972) eindringlich daran erinnert, daß »die Erwachsenen selbst die wichtigsten Triebkräfte ihrer eigenen Bildung sind und daß sie über einen Reichtum an Erfahrung und Einsichten verfügen, den sie dem Lernprozeß beisteuern können« (Weltkonferenz 1973, S. 23).

C. Rogers (1974) bewertet dieses Programm, das Lernen aus der Verwaltung von Lehrern in die Verantwortlichkeit des lernenden Ichs und der lernenden Gruppe zurückzuholen, so: Es schließe persönliches Engagement ein; es sei selbstinitiiert; es durchdringe den ganzen Menschen, ändere sein Verhalten, seine Einstellungen; es werde vom Lernenden selbst beurteilt, da er weiß, ob es sein Bedürfnis trifft oder nicht, und sein wesentliches Merkmal sei Sinn. Rogers spricht die Erfahrung aus, daß die innere Kraft und der Wunsch zum Lernen, zum Entdecken, zur Erweiterung von Wissen und Erfahrung dann freigesetzt werden können, wenn das zu Lernende vom Lernenden als für seine eigenen Zwecke relevant wahrgenommen werde: »Ein Mensch lernt in belangvoller Weise nur jene Dinge, die für ihn mit der Erhaltung oder mit der Entfaltung seines Selbst verbunden sind« (Rogers 1974, S. 157).

Lernen in eigener Verantwortung heißt unter anderem:

- Wir alle sind immer schon allzu gerne bereit, jemanden zu verehren, jemanden kindlichen Respekt entgegenzubringen, jemandem elterliche Autorität anzutragen, um gesagt zu bekommen, was wir zu tun haben. Dies vor allem auch deshalb, weil niemand gerne allzu viel Verantwortung übernehmen möchte. Meine Selbstbeobachtung sollte daher wachsam den Tendenzen gelten, unter den Wiederholungszwang kindlicher Abhängigkeit zu geraten.
- Ich übe bewußt mit anderen zusammen die kritische Reflexion über bewußte und gehaßte/geliebte, aber auch bislang nicht bewußte, da tief verinnerlichte und schon lange akzeptierte Abhängigkeiten.
- Ich übe mich in der Abwehr, von anderen, insbesondere den Leitern, überrumpelt zu werden.
- Ich gebe mir immer wieder den Ruck, die eigenen Bedürfnisse und Interessen unter dem Schutt von alltäglichen Ohnmachts- und Niederlagenerfahrungen hervorzuholen, sie auszusprechen und zu ihnen zu stehen.
- Ich versuche, tief verschüttete Spontaneität, Spielfreude und neugieriges Verhalten (auf unbekannte und ungestörte Sozialkontakte, Dinge, Personen, Experimente, Zusammenhänge) meines Kindheits-Ichs freizulegen.
- Ich muß mir darüber klar werden, welche meiner eigenen

Kräfte ich weiter entwickeln will, welche Fähigkeiten, welche Einsichten ich vertiefen und welche neuen Erfahrungen ich machen, welche Probleme ich zusammen mit anderen denkerisch und handelnd lösen will.

- Nehme ich an Veranstaltungen, die von Dritten geplant sind, teil, werden meine Fragen nach der eigenen Betroffenheit und der Betroffenheit der Leiter (Wie sie und ich in diesem Thema eigentlich vorkommen? Wie als denkende, fühlende, handelnde Menschen, gestern, heute und morgen?) zur ständigen kritischen Frage an die Zielsetzung, die Inhalte und den Ablauf der Veranstaltung.
- Ich gebe bewußt meine Konsumentenhaltung (nur nehmen, nichts geben) zugunsten einer aktiven Beteiligung und Mitgestaltung auf.
- Ich gebe meinen Aberglauben an ein exaktes und objektiv gültiges Wissen der Wissenschaft auf und stelle mich darauf ein, Absichten, Interessen, Entstehungs- und Wirkungszusammenhänge des vermittelten Wissens zu erfragen: »An etwas festzuhalten, ohne es anzuzweifeln – das geht nicht: Man ist dann kein freier Mensch mehr. Die Universität ist dazu da, Menschen zu bilden, die widersprechen« (J. P. Sartre, zit. von Stange 1977, S. 23).
- Ich warte nicht mehr auf eindeutige Problemlösungen und Definitionen durch die Leiter der Lernveranstaltungen nach dem Maßstab: »Definition – Doppelpunkt – Schreiben – Sie – mit – Das – ist – wichtig!« (Stange 1977, S. 22 f.)
- Ich gebe das Mißverständnis gemeinsamen Arbeitens auf, es gelte immer etwas Großartiges und Vollgültiges zu produzieren, um von den anderen anerkannt zu werden. Statt dessen lerne ich, daß auch schon das Einbringen von Schwierigkeiten, Fragen und Auffassungen hilft, öffentlich ein Problem zu artikulieren, das dann gemeinsam angegangen wird.
- Ich sorge dafür, daß von Anfang an (d. h. schon in der Einstiegsphase der Veranstaltung) meine Vorstellungen über und Erwartungen an die Veranstaltung gehört werden und andere Teilnehmer dies ebenfalls frei artikulieren. Das hat

zur Bedingung wie zur Folge, daß die Leiter der Veranstaltung ihre Ziele und inhaltlichen wie methodischen Vorschläge offen, d. h. kritisierbar und noch veränderbar, einbringen.

- Ich fordere, daß wir unser Augenmerk auf handfeste Ergebnisse und Handlungskonsequenzen der gemeinsamen Arbeit richten, die zu Hause für meinen/unseren Alltag relevant sind.

Daß selbst dieses Idealbild des selbstbewußt lernenden Erwachsenen noch in sich problematisch ist, zeigt der immer wieder erlebte ausdrucksvolle, durchsetzungsfähige Einzelkämpfer, für den die Gruppe nur noch Spiegel, Instrument oder Gehilfe der eigenen Selbstverwirklichung ist.

Andererseits habe ich das Bild einer Gruppe vor Augen, der es um die Gruppenharmonie um jeden Preis geht: Jeder Einzelwunsch eines Teilnehmers wird erfüllt, um ja in der Gruppe keine Spannung aufkommen zu lassen.

Solchen Versuchungen kann am ehesten so begegnet werden, daß auf die politische Dimension jeder auf Selbstbestimmung zielenden und sie verwirklichenden Veranstaltung hingewiesen wird. Es muß deutlich werden, daß die Selbstabgrenzung des einzelnen gegenüber den anderen, der Gruppe, dem Leiter gegenüber gar nicht das Ziel sein kann, sondern die Herausbildung der Fähigkeit, sich in seinen individuellen wie kollektiven Neigungen und Bedürfnissen zu erfahren, zu akzeptieren, sie auszuhalten. Das alles ist nur zusammen mit anderen möglich, und es muß stets zur Disposition gestellt bleiben, wie mit all diesen unterschiedlichen Bedürfnissen, Wünschen, Ideen und Vorschlägen umgegangen werden kann und soll.

Warum wir uns mit selbstbestimmtem Lernen und Leben so schwer tun

Ich habe bei Versuchen, Lerngelegenheiten ohne Leiter alten Stils zu organisieren, immer wieder die Erfahrung gemacht, daß Teilnehmer mit regelrechten Entzugserscheinungen auf das

Fehlen einer starken und sie bestimmenden Leiter- und Anführerpersönlichkeit reagierten. Die ungewohnte Zumutung, das beabsichtigte Lernen als Gruppe in seinen Zielen und Inhalten, den einzuschlagenden Wegen und zu benutzenden Methoden selbst zu bestimmen und zu organisieren, wurde nicht als befreiend, sondern als bedrohlich empfunden. Immer wünschte ein bestimmter Teil der Gruppe eine Strukturierung und Anleitung durch den Leiter.

Wie kommt das? Warum sind wir so expertenfixiert?

Warum geht, wie wissenschaftliche Experimente ergaben, von Referenten, die als Experten angekündigt werden, eine größere Überzeugungskraft aus als von Experten, die nicht als ausgewiesene Fachleute vorgestellt werden?

Wieso erwarten viele Teilnehmer von Erwachsenenbildungsveranstaltungen, daß der Leiter autoritär und unmißverständlich bestimmt, wo es langzugehen und was die Gruppe im einzelnen zu tun und zu lassen hat?

Die Beantwortung dieser Fragen hat mit vorenthaltener Selbständigkeit und Selbstbestimmung von Einzelpersonen und Gruppen in unserer Gesellschaft zu tun. Dazu verfügen Sie sicherlich über eine ganze Reihe eigener Erfahrungen, so daß ich mich auf einige Andeutungen dazu beschränken kann, wie die beobachtbare Unselbständigkeit der Gesellschaftsmitglieder hergestellt und von ihren Nutznießern so lange und so intensiv wie möglich aufrechterhalten wird.

Wir alle haben den größten Teil dessen, was wir wissen, außerhalb der Schule gelernt. Ohne daß sich ein Lehrer darum gekümmert hätte, haben wir sprechen, denken, lieben, fühlen, spielen, fluchen, politisieren und arbeiten gelernt. Gleichwohl schreiben rückblickend viele Erwachsene ihr Wissen dem Lehrer zu, dessen Geduld mit ihnen sie zu bewundern gelernt haben.

Betrachtet man kritisch die schulische Erziehung deutscher Prägung, so ist mit Heinrich Kupffer (1977 a u. b) festzustellen, daß die deutsche Erziehung faktisch immer eine Erziehung von Abhängigen gewesen ist. Es waren immer Grundeinstellungen

(Dispositionen) herzustellen. Anstatt den politisch engagierten Menschen heranzubilden, geht es heute lediglich um den Menschen mit der Fähigkeit und Bereitschaft zum politischen Engagement. Es geht nicht um den kritisierenden, sondern um den kritikfähigen Menschen. Es geht nicht um den handelnden Menschen, sondern um denjenigen, der zum Handeln bereit ist. Mangels Zuständigkeit wurde der Schritt zur Verwirklichung dieser Fähigkeiten, Bereitschaften und Möglichkeiten in der sozialen Realität von der Schule bisher nicht getan. Immer herrscht die Angst, nicht genau kalkulieren zu können, was die Emanzipation für Folgen haben könnte und trotz aller Freiheit jenes Maß an »Sicherheit« erwarten zu wollen, das eigentlich nur die Unfreiheit geboten hatte und noch bietet.

- Der Lernende gilt vornehmlich als aufnehmendes Wesen, das durch den kundigen Pädagogen fachmännisch präpariert wird. Die Präparation denkt von den zu lernenden Sachen, nicht aber von den menschlichen Fragen des Lernenden her.
- Anpassung an die bestehenden Lebens- und Arbeitsverhältnisse, das bestehende Wirtschaftssystem und die in dieser Gesellschaft wirksamen Herrschaftsstrukturen, das ist eine der wichtigsten Aufgaben der Schule, immer wieder mit dem modischen Ausdruck »Sozialisation« (»Vergesellschaftung«) umschrieben: »Der erzogene Mensch ist der angepaßte Mensch, denn er paßt besser in die Welt. In die Praxis übersetzt dient dieses Konzept in hervorragender Weise den Absichten der Unterdrücker, deren Ruhe davon abhängt, wie gut Menschen in die Welt passen, die die Unterdrücker geschaffen haben, und wie wenig sie sie in Frage stellen.« (Freire 1971, S. 79) In der gängigen Alltagspraxis wird es den Menschen verweigert, Produzenten ihrer Lebensumstände zu sein und zu werden.

In jeder Beziehung seines Alltagslebens befindet sich jeder von uns in nie dagewesenen Abhängigkeiten:

> Er »fährt einen Wagen, von dem er nichts versteht, er trägt Kleider, die er nicht selbst angefertigt hat; er ernährt sich von Früchten, die er nicht gesät und geerntet hat; er wird

behandelt von Ärzten, die eine für ihn fremde Sprache sprechen, er vertraut seine Gesundheit der Macht der Pillenchemie an, seine Forderung nach Gerechtigkeit muß er Rechtsanwälten übergeben, denn er ist nicht fähig, im Paragraphenwald seinen Fall wiederzuerkennen; die Massenmedien überfluten ihn mit Informationen, die ihn verblüffen, beängstigen und verschrecken, aber er steht den Ereignissen machtlos gegenüber. Was kann er denn zur Lösung der Energiekrise wirklich beitragen? Es bleibt ihm nur die Hoffnung auf vernünftige Politiker, die zumindest ab und zu mal seine Interessen vertreten ...

Viele verspüren, daß sie aus der passiven Beobachterrolle heraus müssen, um Kommunikationsprobleme mit einem Minimum an feindseligen Konflikten und Frustration und einem Maximum an schöpferischer Lebensfreude anzugehen. Sie entdecken lange unterdrückte eigene Potentiale, die sie befähigen, Konflikte nicht nur in angemessener Weise zu verstehen, sondern auch in eigener Verantwortlichkeit und engagiertem Handeln zu lösen, bzw. einen Beitrag dazu zu leisten«. (Bach/Molter 1979, S. 15 f.)

Das Fatale ist nun, daß sich der einzelne und ganze Gruppen zumeist mit dem ihnen auferlegten unfreien Dasein identifizieren. Wer als Abhängiger und Unterdrückter diese Situation als unveränderbar verinnerlicht und die Richtlinien der Unterdrücker akzeptiert hat, fühlt sich merkwürdigerweise ein Stück sicher und fürchtet, mit der Freiheit diese vermeintliche Sicherheit zu verlieren. So fürchtet er sich vor der Freiheit mit ihrer Anforderung, sich dieser Selbsttäuschung zu begeben. Angst vor dem Zerbrechen des mühsam hergestellten Gleichgewichts zwischen Ohnmachtserfahrungen, Selbstaufgabe, Selbstverstümmelung und Selbstbescheidung einerseits und privater Sicherheit im Rahmen der familiären Situation, der »eigenen vier Wände« andererseits läßt Risiken, neue Aufgaben, Diskussion des »Verbürgten«, Problematisierung und Kritik vermeiden und das Vertraute, Sichere, Stabile, Vorgeformte und von anderen als »richtig« Erwartete suchen.

D. Negt verweist in seiner Buchbesprechung von P. Brückners »Versuch, uns und anderen die Bundesrepublik zu erklären« (Brückner 1978) auf den Zusammenhang zwischen einem auf permanente Selbsterhaltung abgestellten deutschen Staat, der staatlichen Enteignung von Gesinnung und politischer Phantasie, dem traditionellen Politikentzug des bürgerlichen Alltagslebens einerseits und der kollektiven Unfähigkeit der Deutschen andererseits, mit emotionaler Beteiligung wahrzunehmen, was außerhalb ihres Hauses, ihrer Wohnung, ihrer Familie liegt. »Sie leben (wenn auch in der jüngeren Generation offenbar viel weniger als früher) nach dem Prinzip: Wärme und Aufmerksamkeit nach innen, zur Familie, zu den Privatverhältnissen hin – Kälte und Gleichgültigkeit nach außen.« »Was den Nazis ihr mörderisches Geschäft ermöglichte, war weniger die aktive Beteiligung der Bevölkerung daran, als das Wegsehen, die Erstarrung, die zu Erfahrungs- und Wahrnehmungslosigkeit führt.« (Negt 1979)

Diese autoritäre Fixierung, dieses Objekt-sein-Wollen ist auf vielfältige Weise hergestellt. Da spielen sicherlich die Vorgeschichten insbesondere in der Familie eine Rolle, der immer wieder erneute Versuch, in der Erwachsenenbildung dem Leiter wieder die Elternrolle und sich selbst die Kinderrolle zuzuordnen. M. E. wirkt sich hier aber vor allem aus, daß die Bürger hierzulande politisch wie kulturell nur in Ausnahmefällen Mitredende, ansonsten bloß Zuhörende, Verwaltete, Ohnmächtige sind. Deshalb sind auch soziale Bewegungen, wie z. B. Bürgerinitiativen, wo Sprachfähigkeit wieder erlangt wird, sofort »verdächtig«. Denn: »In Bürgerinitiativen lernen die Betroffenen und Beteiligten, Mißstände aufzudecken, ihre Sorgen öffentlichkeitswirksam zu artikulieren und ihre Interessen zu verteidigen. In vielfach konfliktreichen Auseinandersetzungen mit Politikern und Behörden machen sie durch Argumentation und Aktion die Erfahrung sozialer Kompetenz und Macht. Sie wurden sprachfähig in dem Maße, in dem sie politikfähig wurden, und zwar politikfähig durch solidarische Aktionen« (Benedict 1977, S. 30 f.).

5 Offene Lerngelegenheiten

Die Geschichte vom Königreich Ums Eck
Es war einmal ein Königreich, das hieß Ums Eck. Dort galt es als sehr unhöflich, geradeaus aufeinander zuzugehen. Wer einen anderen treffen wollte, mußte ums Eck zu ihm gehen. Um dies zu erleichtern, waren im ganzen Land überall aus Steinen gemauerte Ecken aufgestellt, um die man gehen konnte. Das fanden die Leute praktisch. Da kam ein neuer König auf den Thron, der war im Ausland gewesen, wo es die Ecken nicht gab. Da er sie unnütz fand, befahl er, sie abzureißen. Da erhob sich großer Protest im Lande, weil kein Mensch den anderen mehr treffen konnte und alle verwirrt herumliefen. Der König mußte abdanken und die Ecken wurden wieder aufgebaut. Inzwischen stehen sie so dicht, daß sie ein einziges Labyrinth bilden. Manche Einwohner stört das, aber die meisten glauben immer noch, sie kämen so besser zurecht. (Sozialmagazin, Juni 1977, S. 23)

In der Erwachsenenbildung gibt es, bedingt durch ihre Geschichte, ihren institutionellen Charakter und aufgrund des Mißverständnisses, sie sei eine Schule, nur eben für Erwachsene, eine Fülle von Ecken und Stellwänden, die nach ganz bestimmten Ritualen aufgebaut und umschritten werden.

Die Lehr-Lern-Rituale zur Vermittlung wissenswerter Daten, Fakten, Zusammenhänge, Einsichten folgen sehr häufig dem Schema: Begrüßung – Vortrag – kurze Diskussion – Heimweg.

Wie H. Rumpf deutlich gemacht hat, stellen solche eingespielten Rituale für Veranstalter wie Teilnehmer einen vermeintlichen oder auch tatsächlichen Schutz dar. Sich ihnen anvertrauen heißt, die Angst zu lindern, man könne mit seinem mitgebrachten Ich, seinen Selbstwertgefühlen und seiner Außenfassade in einem unvorbereiteten Moment zu einem Nichts werden. Die vor allem Fachleute oft bedrängenden Phantasien, jemand könne ihr mühsam hergestelltes Image desjenigen, der Bescheid weiß, nachhaltig und vor großem Publikum vernichten, erzeugen Angst davor, allzuweit von den vertrauten, sicheren Pfaden der Selbstdarstellung abzuweichen, allzuviel zu problematisieren und etwas zu wagen. Wer diese Angst empfindet, der will Sicherheit. Er will das Stabile, Zuverlässige lehren und lernen, und darin will er nicht gestört werden. Auf Störungen reagiert er aggressiv. Die Angst vor Offenheit, vor mehrdeutigen Situationen, Irrtum, Unsicherheit mit dem Risiko, für inkompetent, für fehl am Platz, für untauglich gehalten zu werden, sucht nach festen rituellen Abläufen. Festen Halt geben zum Beispiel ein Lehrbuch, ein solides Grundwissen, ein klares Anforderungssystem mit präzisen Aufgaben und Bewertungen, festgelegte didaktische Formen wie Vortrag und Referat mit den klaren Rollenverteilungen, daß oben der Wissende, Beurteilende, Steuernde steht oder sitzt und daß unten die Lerngruppe die Nichtwissenden, Aufschreibenden, Stückchen um Stückchen Vorankommenden beherbergt. Anscheinend dienen die so überaus stabilen Formen lehrerzentrierter, stoffanhäufender, nur stoffvermittelnder einseitiger Belehrung vor allem der alltäglichen Vorausverteidigung gegen solche bedrohlichen Angstfaktoren bei allen Beteiligten (Rumpf 1976, S. 114–128 pass.).

Aus Teilnehmern werden die Veranstalter ihres eigenen Lernens

Sie sind als Teilnehmer die Hauptperson in der Erwachsenenbildung. Fehlt der Leiter, helfen Sie sich selber. Fehlen die Teilnehmer, kann gar nichts in Gang kommen. Machen Sie etwas daraus, daß Sie die »Zentralfigur der Erwachsenenbildung«, der »eigentliche Souverän der Weiterbildung« (Pöggeler 1974, S. 95) sind. Werden Sie aus dem Teilnehmer zum Veranstalter Ihres eigenen Lernens. Sind alle Beteiligten dazu bereit, heißt das aber zugleich, daß alle zusammen als Produzenten von Erkenntnissen und Einsichten die Verantwortung für Ziele, Inhalte, Verlauf und Ergebnisse der Veranstaltung übernehmen. Alle bestimmen, wie die Ergebnisse verwandt werden sollen. Um dies gemeinsam zu können, muß Herrschaft kritisiert und abgebaut werden. Das heißt, daß sich in der offenen Lerngelegenheit ganz bewußt die Herrschaftsbeziehung zwischen einem Macht ausübenden Leiter und einer von ihm abhängigen Lerngruppe zugunsten einer gleichberechtigten Beziehung von Erwachsenen auf der Grundlage gegenseitigen Gebens und Nehmens, gegenseitiger Bestätigung und des Lernens von einander verändert.

Für solche Lernprozesse ohne Netz kann freilich niemand mehr vorhersagen, was die Veröffentlichung, Analyse, Strukturierung und versuchte Aufarbeitung von Erwartungen und Bedürfnissen, Spannungen und Widersprüchen auf der Beziehungsebene und die Vermittlung von Alltagserfahrungen und vorhandenem gesellschaftlichem Wissen auf der Inhaltsebene, immer wieder gestört von Ungeduld und Resignation, tatsächlich ergibt. Zwischen der totalen Festlegung in streng vorgegebenen Aktionsformen (hier: Leiter/Lehrer; dort: erwachsene Schüler) und dem totalen, struktur- und ziellosen Offenlassen verbindlicher Bedeutungen von Ideen, Dingen, Geschehnissen, Menschenbeziehungen, Einsichten und Handlungskonsequenzen muß unbedingt ein Mittelweg gefunden werden. Nur er erlaubt es allen Beteiligten, Subjekt des eigenen und gleichzeitig des gemeinsamen Lernens zu sein. Ein solcher Mittelweg nötigt niemanden, sein Alltags-Ich mit seinen Gefühlen und Ideen nun still- und ablegen zu müssen, andererseits werden mit ihm aber alle in der Gruppe vorhandenen Fähigkeiten genutzt, die individuellen Bedürfnisse und Interessen (»Ich«) und die die ganze Gruppe betreffenden Fragen und Stimmungen (»Wir«) auszubalancieren, ohne daß über der Beziehungsarbeit die Sache und die notwendigen Handlungsziele aus dem Blick geraten.

Das heißt
- Ziele ernstzunehmen, die Subjekthaftigkeit und bewußtes Zusammenleben und Zusammenarbeiten zugleich fördern:
- die Bereitschaft zu entwickeln, Anschauungen und Verhaltensweisen zu dulden, die man für sich selbst ablehnt (Toleranz),
- die Bereitschaft zu entwickeln, mit der eigenen Entfaltung die Entfaltung des anderen mitzufördern,
- die Bereitschaft zu entwickeln, den anderen in seinem Anderssein zu fördern, d. h. ihm behilflich zu sein, seine Lebens- und Denkweise darstellen zu können, auch wenn man sie für die eigene Existenz nicht gelten läßt.

Die problemformulierende Arbeit Erwachsener geht von der Praxis aus und kehrt zu ihr zurück.

Ihre Ziele, Wege, die gewählten Handlungsabsichten sind Entscheidungen der ganzen Lerngruppe, nicht privilegierter Leiter. Er kann ja gar nicht von sich aus wissen, welches Wissen und Verständnis das einzelne Gruppenmitglied gerade benötigt. Um die Ziele, Inhalte, Wege und Handlungskonsequenzen des Lernens untereinander abzustimmen, sind Diskussionen unvermeidbar. Ihre Ergebnisse sollten in Verträgen (vgl. S. 140 ff.) niedergelegt werden.

G. R. Bach und H. Molter (1979) vergleichen die Gruppe mit einem Netz, das dem Seiltänzer beim Tanzen Sicherheit verleiht. Dies für den Fall, daß es gelingt, soziale Freiräume für das gemeinsame Arbeiten ganz bewußt herzustellen. Die verschütteten und unterdrückten Fähigkeiten der einzelnen Teilnehmer entfalten sich nur in einer guten Gruppenatmosphäre, in der die Einzigartigkeit jedes Gruppenmitglieds geschätzt wird.

Warum Sie sich zu Ihren Gefühlen bekennen sollten

Die klassische Erwachsenenbildung folgt als Volks-*Hochschule* der wissenschaftlichen Tradition der deutschen Universität, die auf der strengen Trennung des Verstandes von den Gefühlen und auf der Verbannung der letzteren aus ihren heiligen Hallen

(Ideal der affektlosen wissenschaftlichen Auseinandersetzung; Bopp 1979, S. 88) basiert. Auch die Schule scheint nicht in der Lage zu sein, Emotionales richtig einzuordnen. Aber warum sollte sie mit ihrem intellektualistischen Arbeitsstil andere Verhaltensweisen fördern und fordern, als sie die Öffentlichkeit rings um sie herum produziert: Tagesschau, Politikerreden, Abläufe von Gremiensitzungen zeigen, daß oberflächliche Rationalität den Rang eines Fetischs einnimmt. Was Gefühle angeht, so werden sie entweder gerügt (»Wir wollen hier doch sachlich bleiben!«) oder belächelt (»So ein Romantiker!« »Sowas Unbeherrschtes!« »So ein weicher Kerl!« »Typisch Frau!«). Gefühle als Antriebe zu sozialem Handeln werden nicht zum Ausdruck gebracht.

Arbeiter, Angestellte, Beamte, selbst Freiberufler stehen in Arbeitsvorgängen, die nur dann zu gelingen scheinen, wenn der einzelne im Sinne logisch vorbedachter, auf ihre Effizienz hin durchdachter Prozesse funktioniert und schematisch handelt. Gefühle wirken hier nur störend.

Sicherlich ist emotionale Spontaneität nicht alles, aber es gibt gesellschaftliche Erfahrungen mit sachlichem und humanem Umgang mit Gefühlen, gespeist vom Wissen über Anlässe, Eigenarten und Strukturen von Gefühlen (Psychotherapie, Seelsorge, Psychologie, Gruppendynamik), die weiterhelfen.

Wie gelingt es, in Erwachsenengruppen Emotionen als Teile von Lernprozessen zu akzeptieren, zu fördern und damit emotionale Verarmung ein Stück weit aufzuheben? Wie wird emotionale Ehrlichkeit erlernt und praktiziert?

Die Lerngruppe kann ganz bewußt ihre Aufmerksamkeit auf die über die Sache oder an ihr vorbei sich entwickelnden menschlichen Beziehungen emotionaler und sozialer Art lenken. Beziehungsarbeit wird als gleichberechtigt neben der inhaltlichen Lernarbeit entdeckt. Nur so bleibt das Interesse der Menschen aneinander und an der Sache wach. Die Einstellung des einzelnen zur Sache (Wo stehe ich jetzt? Welcher Sach- und Problemaspekt ist mir gerade wichtig? Welche Assoziationen habe ich?), die seine eigenen Lernprozesse bestimmen, werden zur Sprache gebracht. So können die in jeder gemeinsamen Arbeit wirksamen sozialen Kräfte auf der Beziehungsebene (Sympathien, Antipathien, Konkurrenzverhalten, Harmonieerlebnisse, Streit, Konflikte, Selbstdarstellung, Neid) in ihrem Personenbezug und in ihrem Bezug zu den selbst gesetzten Arbeitsaufgaben ernstgenommen und bearbeitet werden, so lassen sich die Zusammenhänge in den sozialen Prozessen verstehen, die sich im eigenen Verhalten und dem Verhalten der anderen auswirken. Schließlich bringen ja alle Beteiligten Grundbedürfnisse nach sozialer Anerkennung, Geborgenheit, Liebe, Selbstachtung und Unabhängigkeit mit und reagieren aggressiv, wenn sich diese emotional-sozialen Erwartungen nicht erfüllen oder das Gegenteil des Erwarteten eintritt.

So gilt das gemeinsame Lernen nicht nur irgendeinem thematischen Wissen und Verstehen, sondern auch der Fähigkeit, Mißfallen zu äußern und nicht zu unterdrücken, Verstimmungen zu benennen und Ärger nicht in sich »hineinzufressen«, sich zur Rüge zu entschließen, Befremden klar auszudrücken. All diese Fähigkeiten müssen als Leistungen gegen verinnerlichte Gegennormen und die eigenen Ängste, sich falsch zu verhalten und dann bestraft zu werden, immer neu erarbeitet und aktualisiert werden.

Diese Fähigkeiten werden durch Beobachtungsverfeinerung und eigenes sprachliches Training erreicht: Die Beobachtung sozial-emotionalen Verhaltens sensibilisiert dafür, daß Menschen mit Worten, Tonfall, Geschwindigkeit der Sprache, mit Pausen, Schweigen (»Man kann auf viele Arten schweigen«), Nichthandeln, Abwenden, Gesten, Gebärden miteinander umgehen und lehrt einzuschätzen, an welcher Stelle vorhandene soziale Störungen und Spannungen besprochen werden sollten.

Das soziale Lernen wird hier durch die Rücksicht bestimmt, Aussagen und Verhaltensweisen der anderen nicht ständig zu bewerten, Mut zu Gefühlen zu zeigen und Gefühle, Bedürfnisse, Interessen im Ich-Stil und aus der Ich-Erfahrung zu formulieren, nicht von Annahmen über die Gruppe geleitet (»wir«). Nach strengen Regeln ablaufende Zwischen- und Schlußfeedbacks geben dazu Gelegenheit. Sie lassen herausfinden, wo der einzelne folgen konnte, wo er »draußen« stand, und ob das Aufeinanderhören tatsächlich gelungen ist.

Eine gute methodische Hilfe bietet hier die Kleingruppenarbeit als Schutz- und Schonraum, wo der einzelne aus der passiven Objektrolle heraustreten kann, sich ohne den oft übermächtigen Leiter entfalten und mehr »auf Verdacht hin« reden kann. In der relativ angstfreien, da vor der Kontrolle durch den Leiter und die Großgruppe geschützten Kleingruppenarbeit (z. B. als Partnerarbeit zu zweit) reden alle zur Sache und haben alle einen oder mehrere direkte Zuhörer. Keiner braucht das, was er inhaltlich einbringt, öffentlich zu »verantworten«. Hier kann sich gegenseitige Lernunterstützung anstelle des gewohnten Konkurrenzverhaltens »jeder gegen jeden« entwickeln.

Gewinnt die »Gefühlsarbeit« allerdings einen zu hohen Stellenwert innerhalb der gemeinsamen Arbeit, entsteht die Gefahr der Idealisierung und Verselbständigung dieser notwendigen Arbeitsform.

Es entsteht die Gefahr, daß sich neue eigenständige Rituale von Sensibilität entwickeln, in denen aus Gründen selbstverliebten (narzißtischen) Kreisens um das eigene Selbst und aus dem Bedürfnis nach ungestörter, andauernder Harmonie ständig sowohl harten inhaltlichen wie sozialen Anforderungen ausgewichen wird. Man lese dazu J. Bopps treffsichere und sarkastische Schilderung der von ihm beobachteten »gruppendynamischen Schiffschaukel«: Hier wird, um Ängste abzuwehren, beliebig zwischen gefühlloser, scheinbar rationaler Sachdiskussion, die Vorbereitung, Wissen, konzentriertes Nachdenken und disziplinierte Methodik erfordert und einer anti-rationalen, emotionalen Erörterung gruppendynamischer Strukturen und Vorgänge (Beziehungsarbeit) hin- und hergependelt. Die Einsichten aus der jeweiligen Abklärung der Sache bzw. der Beziehungen der Gruppenmitglieder untereinander werden in ihrem Zusammenhang nicht miteinander ins Spiel gebracht. Ständig wird das gefordert, was im Moment nicht geschieht. Beide Erfahrungsfelder, die jeweils Belastungen und Ängste entstehen lassen, interessieren weniger in ihrer Eigenständigkeit und in ihrem Zusammenhang, sondern in ihrer Eignung zur Blockierung der jeweils anderen Erfahrung: »Sachdiskussion und Auseinandersetzung mit der Gruppenemotionalität, Verstand und Gefühle werden gleichermaßen herabgesetzt. Diejenigen, die ein offenes Thematisieren von Gefühlen in der Gruppe forderten, tragen faktisch dazu bei, die Gefühle zu entwerten. So verbreitet sich ein geistig-emotionaler Dämmerzustand, in dem alle Katzen grau bleiben.« »Gefühle vermischen sich mit Show. Man lernt effektvolle Auftritte und trickreiche Spielchen. Darstellerische Routine verdrängt die Spontaneität. Unmittelbarkeit und Spontaneität werden organisiert. Zärtlichkeitsrituale und kommandierte Erotik – ›in den nächsten fünf Minuten darf jeder den streicheln, den er will‹ – machen in der Therapie aus den Gefühlen eine Gruppe von Tanzbären.« (Bopp 1979, S. 87 f., 91)

Es liegt bei Ihnen, ob Sie mit solchem Treiben einverstanden sind oder gar darauf drängen, daß entweder, wenn es gefordert wird oder von auftretenden Spannungen her nötig wird, Beziehungsarbeit oder aber gründliche Sacharbeit geleistet wird. Soll beides wechseln, ist es nur im Hinblick auf eine spiralförmige, gegenseitige Bereicherung dieser Arbeitsformen sinnvoll.

Spannungen und Konflikte können positiv genutzt werden

Aus der Konfrontation unterschiedlicher Lebenskonzepte bzw. Realitätsauffassungen und einander widerstreitender Interessen treten grundsätzlich in jeder Gruppe von zwei oder mehr emotional von einander abhängigen Personen Frustrationen, Aggressionen und Konflikte auf. Wenn alle Gruppenmitglieder ein Interesse an ihrer persönlichen Entwicklung haben, können sie die auftretenden Aggressionen und Konflikte positiv nutzen. Die Hauptsache ist, daß sie als selbstverständliche Bestandteile freiheitlicher Auseinandersetzung gesehen werden.

Aggressionen in Erwachsenenbildungsveranstaltungen sind

vielfach als Selbstbehauptungsversuche von erwachsenen Subjekten in einer auf Selbstaufgabe und Unterwerfung drängenden sozialen Situation zu interpretieren. Schon K. Lewin und andere haben vor über 30 Jahren nachgewiesen, daß die Heftigkeit gruppeninterner Aggression in Lernsituationen in Abhängigkeit vom Führungsstil steht (bei autoritärer Führung stärker, beim Laissez-faire-Stil schwächer).

Berufserfahrene Leiter wie lebenserfahrene Teilnehmer wissen sehr wohl, daß die Gründe für aggressives Verhalten zum Teil von der jeweils mitgebrachten individuellen Lebensgeschichte, damit von schulischen, beruflichen und familiären Erfolgs- und Mißerfolgserlebnissen bestimmt sind. Sie können daher in den meisten Fällen besprochen und gruppendynamisch genutzt werden, um bewußte und unbewußte Durchsetzungstechniken und Zuwendungsappelle reflektierbar machen zu können. Meines Erachtens können überhaupt alle Feindseligkeiten unter Gruppenmitgliedern oder zwischen Leiter und Lerngruppe positiv genutzt werden. Die Beteiligten lernen aggressive Verhaltensweisen in ihrer Vielzahl von verbalen und nichtverbalen Formen zu identifizieren. Sie erhalten ein Feedback zu ihrem je eigenen Aggressionsstil. Die Gruppe als Zeuge von Aggressionen kann die Fähigkeit zur konstruktiven Veränderung der gewohnten Konfliktaustragung vermitteln.

Darüber hinaus kann das gemeinsame Lernen in Gruppen dem Ziel dienen, Konflikte um wichtiger Zielvorstellungen willen bewußt zu wagen, sie gezielt zu inszenieren, um Interessenstrukturen deutlich zu machen und bedrückend einengende Lebens- und Arbeitsbedingungen zu verändern. Konfliktorientiertes Lernen gilt dem Abbau von Konfliktscheu, der Durchführung von Konfliktgesprächen, der Fähigkeit, körperliche Signale wahrzunehmen und rasch zu entziffern, emotionalen Rückhalt zu gewähren und zu erbitten und das sachliche Ziel bei der möglicherweise scharfen Auseinandersetzung im Auge zu behalten.

Tauchen Konflikte in der Gruppe auf, kommt es darauf an, das auflaufende Konfliktpotential unverzüglich zu bearbeiten, hier und jetzt Rückfragen zu stellen, Klärungen im zwischenmenschlichen Bereich zu bewirken.

Da in allen Konflikten von den Beteiligten Gefühle ins Spiel gebracht werden, muß sich eine wirksame Konfliktbearbeitung in einer spiralförmigen Bewegung zwischen dem Äußern von Gefühlen und ihrer rationalen Bearbeitung hin- und herbewegen. Unterdrückte Gefühle werden durch Einsichten freigesetzt und aufgeklärt. Werden die Gefühle ausgelebt, entstehen neue Einsichten, die die Emotionalität wieder verändern.

Im folgenden sei in einem längeren Zitat eine Gesprächstechnik wiedergegeben, die, mit »Konfliktgespräch« umschrieben, dazu verhelfen kann, Konflikte als etwas Natürliches und Selbstverständliches zu akzeptieren. Durch solche, freilich nach strengen Regeln durchzuführende Gespräche lernen die daran Beteiligten, wenn auch oft als Kompromiß, eine Konfliktlösung zu erarbeiten, zu der alle stehen können. Im Idealfall setzt sich kein Teil der Gruppe auf Kosten der anderen durch, so daß es weder Gewinner noch Verlierer gibt:

»Weil viele die Erfahrung gemacht haben, daß Spannungen durch Gespräche oft nicht befriedigend gelöst werden, bewerten sie ihre unterschiedlichen Interessen sehr oft als Störung, die es zu vermeiden gilt. Aus Angst vor Konflikten trachten Menschen (vor allem in Zweierbeziehungen) nicht selten danach, gleiche Bedürfnisse zu haben. Die Folge solchen Verhaltens ist, daß sie sich nicht mehr so geben können, wie sie empfinden.

Strukturierung des Konfliktgesprächs

I. Anmeldung der Störungen
Ein Gruppenmitglied spricht davon, was es in der Gruppe stört. Die Gefühle sollen direkt ausgedrückt und den anderen kein Vorwurf gemacht werden.

II. Summierung der verschiedenen Meinungen zu dem Punkt
Die anderen Gruppenmitglieder stellen ihre Meinung dar. Die Aussagen sollen ohne Wertung additiv nebeneinandergesetzt werden.

III. Herausarbeiten der Hintergrundbedürfnisse
Alle Gruppenmitglieder arbeiten ihre Hintergrundbedürfnisse zu dem Punkt heraus. Es soll nicht an Lösungen gedacht werden, es geht zuerst einmal darum, zu hören und zu verstehen. Auf den anderen soll partnerzentriert eingegangen werden.
IV. Formulierung von Wünschen
Die Störungen und der Ärger sollen in Wünsche umformuliert werden. Diese sollen ganz konkret sein.
V. Brainstorming über mögliche Lösungen
Ohne Rücksicht auf die Praktizierbarkeit formulieren alle Gruppenmitglieder Lösungsmöglichkeiten.
VI. Bemühung, eine Lösung zu finden, die alle zufriedenstellt
Die Wahrscheinlichkeit für ›gute‹ Lösungen ist jetzt recht groß (Gruppenmitglieder haben gemerkt, daß die anderen ihre Interessen wichtig nehmen und darüber nachdenken; sie fühlen sich verstanden).

Kommunikationsfallen

1. Die Störung wird als Fehler des anderen formuliert.
2. Bedürfnisse werden nicht vollständig ausgesprochen.
3. Ein Partner nimmt Kampfhaltung ein.
4. Indirektes Ausdrücken von Gefühlen.
5. Taktisches Verhalten.
6. Verteidigungshaltung.
7. Sachzwänge werden vorgeschoben.
8. Beharren auf der Machtposition.
9. Ein Partner sieht im anderen den Schuldigen.
10. Die ›Achillesferse‹ des anderen wird angesprochen.
11. Rechtfertigung aus der Vergangenheit.
12. Widerwilliges Nachgeben, ohne daß alle Einwände formuliert werden.

Die Verwendung des Wortes ›aber‹ (›jedoch‹) gilt als Zeichen einer defensiven Kommunikation und sollte durch ›und‹ ersetzt werden.« (Beck/Kräh/Kirks 1978, S. 73 f.)

Lernen bedeutet Spaß und Arbeit

Der als Prototyp organisierten Lernens geltende Schulunterricht läßt die Erwachsenenbildung als Fortsetzung reiner Verstandes- und Kopfarbeit erscheinen, als ernsthafte und unsinnliche Produktion von inhaltsschweren Wörtern und Einsichten. Es gibt aber nicht nur eine begriffliche, sondern auch eine sinnliche Aneigung der Welt und meiner eigenen Möglichkeiten in ihr. Sich über etwas freuen zu können, stellt eine der tiefsten Äußerungen und Empfindungen des individuellen Lebens dar, ohne die es erstirbt. Jeder von uns benötigt Freude und kann sie sich und anderen bewußt bereiten, mit kleinen und großen Dingen, direkt und indirekt.

Die Freude ist an den einzelnen gebunden (meine Gefühle, mein Verhalten), ohne andere aber gar nicht denkbar, da es ja das psychische Erlebnis ist, das durch die Zuwendung anderer hervorgerufen wird.

Das Spiel, das Freude hervorruft, scheint den Gegensatz zum ernsthaften Lernen zu bilden (Spielen ist »ja bloß Unterhaltung«). Die Spielpädagogik hat aber eine ganze Reihe von Methoden entwickelt und wiederentdeckt, in einer realitätsbezogenen Form Erdachtes, Erlebtes, Bewußtgemachtes und offene Fragen spielerisch mitzuteilen und darzustellen. Es macht Spaß herauszufinden, daß es unendlich viel mehr Möglichkeiten gibt, sich auszudrücken und beredt zu schweigen, als es die gewohnte Produktion von Wörtern vermag. Das Spiel begeistert im Vollzug. Niemand ist gezwungen mitzumachen. Die Ängste, man würde ausgelacht, weil man so etwas zum ersten Mal versucht, erweisen sich sehr schnell als irrationale Phantasien. Im Vollzug wie im Ergebnis, nämlich auf eine ungewohnte Weise in die Thematik eingestiegen zu sein, befriedigt das Spiel, baut Herrschaft ab und ermöglicht Erfolgserlebnisse.

So unentbehrlich das Spiel ist, so wenig kann alle Erwachsenenbildung spielerisch vorgehen. Ebenso, wie unvorbereitete Gespräche zumeist Plauderei bleiben und lediglich von zufälligen Assoziationen leben, ist daran zu erinnern, daß das benötigte Lernen zumeist aus erlebten Zwängen und oft eher aus Angst als aus der Suche nach spielerischer Unterhaltung heraus geschieht. Wer lernt, um seine Lebenspraxis zu verändern, muß hart arbeiten und Selbstdisziplin üben. Die unausweichliche Anstrengung steht freilich den Bedürfnissen und Erwartungen, die sich auf Entspannung, Unterhaltung und leicht verdiente Bestätigung richten, direkt entgegen.

Die hier immer wieder geforderte Selbstorganisation des Lernens Erwachsener ist kein unterhaltsamer Selbstzweck. Es geht nicht um ein künstlerisches Befreiungsterrain, auf dem z. B. Ende der 60er Jahre in sogenannten Happenings (W. Vostell ließ eine Plakatwand abfetzen, A. Luther Glas zerschlagen und H. A. Schult Autos zertrümmern) Entfesselung und Befreiung in Bereichen geübt wurden, die über längere Zeit von Traditionen und Tabus in Schach gehalten wurden. Der Befreiungsakt wurde bei diesen Übungen als Enthemmung und Abreaktion von Frustrationen geübt. Die Bewußtseinserweiterung sollte sich im Tun dessen erweisen, was sich in der Realität möglichst nicht ereignen sollte bzw. verboten war. Dem Teilnehmer wurde eingeredet, daß er sich dabei selbst entfalte, daß für ihn Dinge kontrollierbar würden, denen er früher zum Opfer fallen mußte. In Wirklichkeit hinderte aber die zum Selbstzweck erhobene Befreiung durch unmittelbare Aktionen oder durch »bewußtseinserweiternde« Drogen die einzelnen an bewußtem Nachdenken über ihre eigene gesellschaftliche Situation sowie an bewußtem und zielgerichtetem Handeln.

Die hier angestrebte Befreiung kommt nicht zustande ohne Sachlichkeit methodisch einleuchtender und wissenschafts-geleiteter Bearbeitung gesellschaftlicher Probleme, spiralig vermittelt mit der je eigenen Subjektivität, den je eigenen Bedürfnissen, Interessen und Absichten. Dies so, daß die Beteiligten hinter den Lerngegenständen die eigene Betroffenheit, ihr Ich, den Bezug zum Alltagsleben erkennen können.

Der mühsame Übergang von schulischem Unterricht zu offener Gesprächsarbeit

Die Übergänge von den klassischen Schulformen der Informationsvermittlung zur offenen Lerngelegenheit sind oft nicht leicht und nicht allzu schnell zu finden: Zu sehr wirkt in der Beziehung zwischen dem fürsorgenden, dominanten Leiter und der abhängigen Gruppe die Mutter-Kind-Beziehung nach, in der wohl alle Paarbeziehungen ihren seelischen Ursprung haben, da sie die erste soziale Beziehung war, die wir erlebt haben. Zu stark haben alle Beteiligten Lernen als schulisches, unterrichtliches Lernen verinnerlicht. Sie strukturieren unter diesen Perspektiven Tag für Tag erfolgreich viele Lernsituationen im Erwachsenenalter, mal als Lehrer, mal als Schüler, im privaten wie beruflichen Bereich, ja selbst in der Freizeit. Die Aufforderung, das Lernen selbst zu bestimmen und daher auch selbst zu organisieren, selbst »das Heft in die Hand zu nehmen«, kann – vom Leiter, aber auch von einzelnen Teilnehmern zu unvermittelt und spontan vorgetragen – Verwirrung und Handlungsunfähigkeit der Gruppe bewirken. Sie sind als Leiter mit einem Mal in der Situation, als Seiltänzer ohne Netz arbeiten zu sollen. Als Teilnehmer sollen Sie selbst vom Zirkusbesucher zum Seiltänzer werden.

Es gilt daher, vorsichtige Übergänge zu ermöglichen und gemeinsam zu suchen: Die Herstellung und das Durchhalten von offenen Lerngelegenheiten macht Abstimmung nötig darüber, *was* (Inhalte), *woraufhin* (Informations- und Handlungsziele), *wie* (Methoden/Sozialformen) und *in welchen organisatorischen Schritten* (Planung) gearbeitet werden soll. Die Freiheit selbstbestimmten Lernens, das »Vakuum der Freiheit«, bürdet also Definitionslast auf. Alle Beteiligten geraten in den unvermeidlichen Zugzwang, darin übereinstimmen zu müssen, was geschehen soll. So entsteht oft ein Konflikt zwischen dem Prinzip des freien Einflusses für alle und der Notwendigkeit einer kontinuierlichen Arbeitsstruktur. Es entsteht die Frage, wie sich der schmale Grat zwischen Zufall und Überprogrammierung beschreiten läßt: »Nicht nur das Bedürfnis nach Orientierung und Ordnung drängt nach Struktur, sondern auch der Wunsch nach Identität und unverwechselbarer Wirksamkeit der gemeinsamen Anstrengungen« (Sachs 1975, S. 135). Da sich in der schulischen wie außerschulischen Lerngeschichte des einzelnen eine Grundvorstellung, eine Grunderwartung ausgeprägt hat, wie Lehren und Lernen in Institutionen »eigentlich und richtig« vor sich zu gehen habe und daß es immer jemand gebe, der ganz genau Bescheid wisse und so souverän steuere, kontrolliere und beurteile, daß sich niemand im Chaos des Wißbaren und Lernbaren verlieren könne, muß dieser Strukturierungs- und Leitungserwartung bei den Teilnehmern entsprochen werden. Man kann nicht in bezug auf ihr Lernen bislang unmündig gehaltenen Personen zumuten, aufgrund von Leiterappellen ohne Übergang zu Subjekten ihrer künftigen Lerngeschichte zu werden. Geschieht der Übergang zu schnell, wird der Rückzug des Leiters von seinen bisherigen Funktionen und Aufgaben seitens der Teilnehmer als Bestrafung, Bedrohung und individuelle Verunsicherung empfunden.

Die »Hilfe zur Selbsthilfe« muß vorsichtig, aber unbeirrt geschehen, wobei der Leiter nicht, schon am Ziel angekommen, sofort all das fordern sollte, was er sich über einen längeren Zeitraum selbst erst mühsam erarbeiten mußte.

Der vorsichtige Weg vom leitergeplanten Seminar nach schulischem Vorbild über ein Mitbestimmungsrecht der Gruppe in Sachen Planung, Durchführung und Auswertung bis hin zur Selbstorganisation der Gesamtgruppe wird immer wieder dadurch verzögert, daß ungewohnte Arbeits- und Verhandlungszumutungen die aus der Lernbiografie erwachsenen Erwartungshaltungen der Teilnehmer verletzen. Gerade solche Teilnehmer, die in ihrer bisherigen Lebensgeschichte Lernen nicht bewußt als bedeutsames und lohnendes Verhalten erlebt haben, sind nicht sonderlich belastbar gegenüber Neuerungen, Schwierigkeiten und Enttäuschungen. Das muß akzeptiert werden.

Der Lehr-Lern-Vertrag

Schaut man sich in der Erwachsenenbildung und Sozialpädagogik um, scheint es nur autoritäre oder Laissez-faire-Situationen zu geben, aber keine Zwischenformen. Liegt es daran, daß der Leiter seine eigenen unbewußten Machtansprüche durch autoritätsverleugnendes Verhalten abwehren will? Identifiziert er sich mit der Gruppe und deren Bedürfnissen, um für die eigene Arbeit geliebt zu werden? Oder werden Inhalts- und Beziehungsebene verwechselt?

Damit sich der Leiter nicht mit den Teilnehmern verwechselt und sich mit ihnen aus Eigenbedürftigkeit nach Zuwendung und Anerkennung identifiziert (»verwechselte Identitäten«, Belardi 1978, S. 43), andererseits die Gruppe weiß, was ihr eigener Anteil am Zustandekommen und Gelingen sein muß und sein kann, ist es gut, die Personen- und Rollenanteile aller Beteiligten zu Beginn durch einen Vertrag festzulegen:

Ein Vertrag ist im sonstigen Alltagsleben ein Rechtsgeschäft, das durch einen Antrag und seine Annahme zustande kommt.

Der Lehr-Lern-Vertrag, der hier durch den Leiter oder durch Sie als Teilnehmer beantragt wird, soll deutlich machen, daß bei seiner Annahme durch die Beteiligten die hier realisierte Freiheit kein großzügig gewährtes Geschenk des Leiters, sondern selbstverständlich gehandhabte Grundlage der Zusammenarbeit aller beteiligten Erwachsenen ist. Der Vertrag gilt der Einrichtung eines stabilen Bezugsrahmens der gemeinsamen Arbeit, sowohl was die Arbeitsorganisation wie die Stetigkeit des Leiterverhaltens betrifft. Statt pseudodemokratischer, pseudoplanerischer Eingangsformeln (»Wir könnten heute ...«, »Was meinen Sie, wenn wir ...«, »Wir wollen heute ...«) kann hier ganz deutlich das Arbeitsinteresse des Leiters formuliert werden: »Was mich angeht, so habe ich mir folgendes vorgenommen ...« Sie als Teilnehmer äußern ebenfalls Ihre konkreten Arbeitserwartungen.

Von einem »Lehr-Lern-Vertrag« wird in Erinnerung an J. J.

Rousseaus Idee des »Gesellschaftsvertrags« (»contrat social«) gesprochen. Seine Idee war von der Annahme bestimmt, die Menschen seien in der Lage, sich selbst eine gesellschaftliche Ordnung zu geben, in der die Preisgabe der natürlichen Unabhängigkeit für den einzelnen keinen Selbstverlust bedeute, weil dafür eine Freiheit unter selbstgegebenen Gesetzen mit gleichen und gesicherten Rechten für alle gewonnen würde (Nipkow 1977, S. 215).

Gegenstand der hier empfohlenen Vertragsverhandlung kann z. B. nach F. English (Petzold-Paula 1976, S. 213) folgende Verhältnisbestimmung sein:

Abb. 5: Lehr-Lern-Vertrag

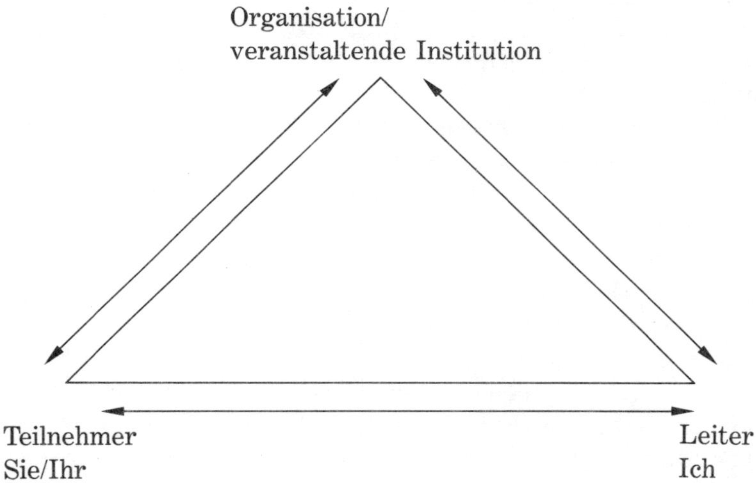

F. English weist ihre Gruppen jeweils darauf hin, daß sie als Leiterin mit den Organisatoren/Veranstaltern, die sie als die »Mächtigen« bezeichnet, einen Vertrag hat, mit der Gruppe jedoch noch nicht. Jetzt sei es Sache, zwischen der Gruppe und der Leitung einen zweiseitigen Vertrag darüber auszuhandeln, was man in den nächsten Stunden miteinander machen wolle. Sie erläutert, wie sie ihre Funktion in der gemeinsamen Arbeit versteht und klärt mit den Teilnehmern ab, zu welchem Zwecke ihrer Meinung alle Beteiligten hergekommen sind. In dieser Vertragsverhandlung legen alle fest, wo sich die Gruppe und die einzelnen Gruppenmitglieder befinden (Ausgangslage), um was es geht (Problembestimmung), was konkret herauskommen soll (Ziele), wie man die Reise beginnen will (erste Verabredung der Methoden) und daß man auftretende Spannungen und Gefühle der Frustration sowie Gruppenkonflikte nach bewährten Regeln bearbeiten wolle. Selbstbestimmte Erwachsenenbildung ist auf solche Auseinandersetzungen angewiesen, da hier gemeinsam entschieden wird, was getan und was gelassen wird.

Werden in der Vertragsverhandlung der Umfang, die Möglichkeiten, die Art der Hilfeleistungen des Leiters, die sowohl kommunikativ-sozialen, inhaltlichen wie politischen Ziele der Zusammenarbeit formuliert, kommt es nicht zum Gegenüber vermeintlicher Aufopferung des Leiters und passiver Erwartungen der Gruppe.

In einer solchen Vertragsverhandlung kann und muß alles zur Sprache kommen, was Sie und alle anderen Beteiligten mitbringen: Ihre unterschiedlichen Einzelinteressen und Erwartungen, Ihre sozialen Bedürfnisse, die zu einer festen Arbeitsabfolge (Planung) verdichtete Vorbereitung des Leiters. Ebenso muß über die jeweils unterschiedliche Arbeitsformen beanspruchende Eigenart des Themas und Lerngegenstandes nachgedacht werden: So wird im Falle eines Trainings sicherlich der Vertrag Anweisungen des Leiters erlauben, während in einer offenen Gesprächsarbeit seine Funktion auf den Regelwärter beschränkt werden kann, es sei denn, er will sich mit eigenen Erfahrungen einbringen.

> »So ginge es: daß man ein Problem bearbeitet, das man selbst erkannt hat und das dann die Atmosphäre bestimmt, also auch das Zueinander bestimmt. Also: Sobald das Problem bestimmt ist, ist auch die Beziehung zueinander bestimmt. Ich meine, das ist eigentlich unheimlich simpel. Man fragt sich, warum es nicht immer so läuft, sondern meistens umgekehrt.« (Angst 1977, S. 12)

Ein solcher Vertrag ist wichtig, um das gemeinsame Vorhaben

gegen Zufälligkeiten, Planlosigkeit und abstruse Beliebigkeiten zu schützen, soll Bildung als soziale und zielgerichtete Veranstaltung nicht zusammenbrechen. Die hier beabsichtigte Vermittlung zwischen Identitäts- und Realitätsarbeit gelingt nur, wenn die Aktivitäten der Beteiligten einerseits nicht einfach einer unstrukturierten und nicht analysierten Spontaneität und Selbsttätigkeit verpflichtet sind, andererseits aber auch nicht in ein enges zweckrationales Lehr- und Lernarrangement innerhalb festliegender Demarkationslinien von Inhalt und sozialem Verhalten gepreßt werden.

Die Vertragsaushandlung veranschaulicht das, was »Kommunikation« im Wortsinn heißt, nämlich »etwas mit jemand zu teilen«, bzw. »etwas zur gemeinsamen Sache zu machen«.

Die Gruppe räumt dem Leiter in dem Vertrag unter Umständen einen Vertrauensvorschuß ein, bislang unbekannte und von den einzelnen Gruppenmitgliedern noch nicht erprobte Arbeitsmethoden einführen zu dürfen, verspricht aber dann auch, sie seitens der Gruppe durchhalten zu wollen.

Der Vertrag kann auch eine Verabredung darüber enthalten, ob man sich für die Dauer der Veranstaltung duzen will.

In ihm kann eine wechselnde Beobachtung des Ablaufs (teilnehmende Beobachtung) verabredet werden, die u. a. die Häufigkeit der Äußerungen des Leiters feststellt und sie in Beziehung zu den Sprechmöglichkeiten und »Sendezeiten« der übrigen Beteiligten setzt.

Auch ein solcher Vertrag ist natürlich – und das sollte bei seinem Abschluß deutlich gesagt werden – keinerlei Garantie für das Gelingen des ganzen. Er garantiert ebensowenig wie jede andere in der Erwachsenenbildung benutzte Methode, daß jeder einzelne »auf seine Kosten kommt«. Die Differenziertheit von Interessen, Bedürfnissen, Verstehensmöglichkeiten, Aktivitätsbereitschaft, Risikofreude und Ängsten kann man sich bei einer Gruppe lernender Erwachsener, bezogen auf die je unterschiedliche Lebensgeschichte als Entwicklungsgeschichte, gar nicht ausgeprägt genug vorstellen. Viele für den Lernerfolg jedes einzelnen Beteiligten relevante Faktoren können in einem solchen Vortrag nicht vorweg Berücksichtigung finden, da sie erst im Laufe der Arbeit sichtbar werden. Der Vertragsabschluß kann aber in programmatischer Form zeigen, daß jeder jederzeit offen seine Interessen, aktuellen Bedürfnisse, Befindlichkeiten und Gefühle äußern, den anderen Rückmeldungen geben und sich mit den übrigen über die gemeinsame Arbeit verständigen kann.

Ist der Vertrag geschlossen, dann heißt das aber auch, daß *alle* Beteiligten gemeinsam die Verantwortung für Inhalt, Ziele, Verlauf und Ergebnisse der Veranstaltung übernehmen. Verläuft das Seminar unbefriedigend, kann dies nun nicht mehr wie früher einfach dem Leiter angelastet werden.

Über die Verwertung der Arbeitsergebnisse entscheiden alle gemeinsam. Die Kriterien für die Bewertung des Seminars einschließlich der Leistungen von einzelnen und der Gesamtgruppe werden von allen Beteiligten gemeinsam festgelegt.

Der Vertrag kann mit dem Einverständnis aller Beteiligten während der laufenden Arbeit neu ausgehandelt oder modifiziert werden.

Warum die Einstiegsphase so wichtig ist

Der Abschluß eines Lehr-Lern-Vertrags ist in der Regel nicht die erste Handlung, nachdem man zur gemeinsamen Arbeit zusammengetroffen ist. Ihm muß noch eine Phase des gegenseitigen Kennenlernens vorangehen, ohne die sich die Aushandlung des Vertrags sehr spröde gestalten würde. In vielen Sprachen gibt es ein einziges Wort für »Fremder« und »Feind«. Daran sollten Sie denken und bei der Planung Wert auf eine gut vorbereitete Anfangsphase legen. Sie muß zwei Aufgaben erfüllen:

- den Abbau von Befangenheit der Teilnehmer untereinander durch lockere und zugleich informative Kennenlernensübungen ermöglichen,
- zur inhaltlichen Strukturierung des geplanten Lernens und der mitgebrachten Erwartungen, Bedürfnisse und Interessen aller beitragen.

Der weitere Arbeitsverlauf hängt entscheidend davon ab, wie schnell und gezielt diese beiden Kommunikationsbereiche angegangen und für alle geöffnet werden. Es geht um die Beruhigung der Fülle mitgebrachter sozialer und inhaltlicher Erwartungen, Ängste und Unsicherheiten. Alle Gruppenmitglieder werden, ob bewußt oder unbewußt, von ähnlichen Fragen bewegt:

- Inwieweit bin ich hier einzigartig? Inwieweit gleiche ich anderen, die hier anzutreffen sind?
- Wer bin ich in der Gruppe? Bin ich den anderen wohl sympathisch? Wer erscheint mir sympathisch?
- Wer spielt hier welche Rolle? Welche Rolle kann ich spielen (Führung in der Gruppe, Rollenverteilung)?
- Wer hat sich hier schon zusammengesetzt? Werde ich dazu eingeladen oder muß ich »dumm rumstehen«? Soll ich die, die sich schon zusammengetan haben, um Aufnahme bitten oder noch abwarten? Soll ich meinerseits andere ansprechen?
- Wer ist überhaupt der Leiter? Wer ist er, wie wird er mich behandeln? Werde ich selbst die Führung übernehmen? Wie werde ich reagieren, wenn die Leitung bestimmt wird und dabei keiner an mich denkt?
- Wen kann ich beeinflussen? Wer will mich beeinflussen (Machtfrage)?
- Welchen Vorrat an Wissen und Können kann ich hier einbringen? Wie mache ich es am besten, um mich in dieser Situation sowohl unter inhaltlichen wie »rein menschlichen« Gesichtspunkten möglichst vorteilhaft darzustellen?
- Wie offen kann ich in der Gruppe sein? Zu wem kann ich offen sein – auch im Hinblick auf meine erotischen Bedürfnisse?
- Was werden die anderen hinter meinem Rücken sagen, wenn ich mich ganz spontan und »ungeschützt« ausdrücke und verhalte? Werde ich dann belächelt oder bewundert? Was erzählen die anderen untereinander über mich?

In diesen Fragen kommen zwar Ängste zum Ausdruck. Gleichzeitig werden aber in Ihnen intellektuelle und emotionale Kräfte aktiviert, mit dieser neuen und ungewohnten, in jedem

Falle aber zu strukturierenden Anfangssituation fertig zu werden. In ihr konstituiert sich, wenn sie gelingt, die Gruppe als Netz von sozialen Beziehungen, gekennzeichnet durch Skepsis, vorsichtiges Abtasten, Suche nach Anerkennung durch bisher fremde Personen. Da der Gefühlsbereich so stark beansprucht wird, empfehlen sich möglichst offene, spielerische Einstiege, die ein lockeres gegenseitiges Kennenlernen ebenso ermöglichen, wie sie Aussprache, Veröffentlichung und Ordnung der mitgebrachten inhaltlichen und sozialen Erwartungen erlauben. Was das vielberufene Vertrauen in der Gruppe angeht, so entsteht es nicht über Appelle des Leiters oder auf geheimnisvolle Weise durch die Harmonieerwartungen einzelner Gruppenmitglieder: Sympathie kommt vor allem auf, wenn man einen gemeinsamen Erfolg teilt.

Ein solcher Erfolg besteht schon in dem Erlebnis, vermittels einer spielerischen oder ernsthaften Methode, als Person sichtbar geworden, zur Sprache gekommen zu sein, in kurzer Zeit die belastende Fremdheit untereinander überwunden und das »Eis« gebrochen zu haben.

Aneignung der geleisteten Arbeit

Mit dem Begriff der »Aneignung« meine ich ein doppeltes: zum einen die Auswertung der gemeinsamen Lernarbeit, zum anderen die Reflexion darüber, welche Konsequenzen diese Arbeit in meiner Lebenspraxis haben kann und muß.

Die Auswertungsphase zum Abschluß der Lernarbeit (vgl. dazu Rabenstein 1979 mit einer Reihe von Techniken) stellt eine eigene Lernsituation dar. Sie ist mehr als das Sortieren von zufriedenen und unzufriedenen Teilnehmern (wobei der Leiter unbewußt natürlich immer möglichst viel Anerkennung anstrebt). Sie dient der Erfahrungsverarbeitung, der Selbstüberprüfung als Reflexion über den eigenen Lernprozeß sowie der bewußten Verknüpfung von Arbeitsschritten. Wenn ich die Auswertung als »Aneignung« bezeichne, wird mit diesem Begriff zum einen an den philosophischen Wortgebrauch erinnert, zum anderen aber auch der Wortsinn aktiviert: »in sein Eigentum bringen, sich zu eigen machen«.

Dem technischen Ausdruck »Feedback« gegenüber verweist der Begriff »Aneignung« auf die abschließende intensive Reflexion der Lerngruppe darüber, ob und worin das Gelernte für das Alltagsleben zu Hause relevant ist oder nicht. Wenn Sie als Teilnehmer Ihr Lernen in Ihr Eigentum bringen, dann holen Sie es aus der Verfügungsgewalt des Veranstalters/Leiters über »seine« Gruppe (»meine« Veranstaltung, »meine« Leute, »meine« Gemeinde, »meine« Kirche, »meine« Familie) in Ihre Selbstverantwortlichkeit zurück.

Die Einschätzung solcher kritischen Bestandsaufnahmen (z. B. auch in der Form eines »Blitzlichts«) als einer Möglichkeit des Lernens durch Rückspiegelung des eigenen Verhaltens ermöglicht die Verabredung, daß auch während des Seminars wechselseitige Kritik, Korrektur und Ergänzung zum Zwecke wechselseitiger Anerkennung nicht als Störung, sondern als notwendiger Bestandteil der Arbeit (soziale Offenheit) in »Form gegenseitiger Kritisierbarkeit« (Steinbrink 1976, S. 44) verstanden und praktiziert werden.

Solche Aneignungs- und Vergewisserungs-Formen des Gesprächs, zwischendurch eingesetzt, ermöglichen es, die Aufmerksamkeit jedes einzelnen Gruppenmitglieds wieder von sich selbst auf andere und ihre Fähigkeiten zu lenken. Dies zum Beispiel so, daß sich nacheinander jeder von Ihnen einmal in die Mitte des Kreises setzt und – selbst bewußt schweigend in Wort und Gestik – von den übrigen ausschließlich freundliche und lobende Rückmeldungen im Hinblick auf beliebige Aspekte seiner Persönlichkeit und seines Verhaltens erhält.

»Aneignung« heißt für mich aber vor allem die bewußt die Phantasie und Mobilität aktivierende Frage nach den praktischen Auswirkungen des Gelernten auf mein Alltagsleben und die Zukunft der Gruppe: Erwachsenenbildung muß nicht nur Defizite gesellschaftlicher Entwicklung feststellen, diagnostizieren und in ihrem historischen wie strukturellen Bedingungszusammenhang erklären, sondern sie muß auch Alternativen des Lernens und Lebens mit Handlungskonsequenzen ausarbeiten und praktisch beginnen. Hier werden die Lösungen für die ermittelten Probleme nicht nur sprachlich beschworen, sondern von den Beteiligten praktisch im Alltagsleben gesucht. Einige aus Ihrem Erfahrungsbereich beliebig vermehrbare Beispiele:

- Aus einem Familienbildungsseminar entsteht der Plan, die Veränderung der kritisierten Kindergartenpraxis nicht von Dritten zu erwarten, sondern selbst zu beginnen: Der größte Teil der beteiligten Eltern schließt sich zu einer Kindergarteninitiative zusammen und gründet ein privates »Kinderhaus«.
- Im Laufe eines Umweltseminars beschließen eine Reihe von Teilnehmern, sich einer Bürgerinitiative anzuschließen, um die Produktion und den Austausch schöner kritischer Wörter durch aktiven Widerstand gegen die Zerstörung der Umwelt abzulösen.
- Auf einem Seminar »Nachbarschaft als Lernort« werden praktische Vollzugsformen der Nachbarschafts- und Stadtteilarbeit ausgedacht, und es wird von den Teilnehmern verabredet, diese binnen eines Jahres auszuprobieren, um die gemachten Erfahrungen ein Jahr später im gleichen Kreis auszutauschen, dann unter Einbeziehung der neu gewonnenen Freunde.
- Bei aller sorgfältigen Planung zum »Musikfest der Zigeuner« 1979 in Darmstadt (vgl. Dorn/Meueler/Raith 1980 a u. b) waren all die vielen Begegnungen der Sinti untereinander, zwischen Sinti und Nicht-Sinti, die Reaktionen der Medien, der Presse, der Bürger der Stadt Darmstadt, die emotionalen Nachwirkungen nicht vorauszusehen. Mit einem Mal sahen sich die Initiatoren dieser Veranstaltung der Erwachsenenbildung in Sozialarbeiter und politische Berater der Sinti verwandelt. Dies mit der Konsequenz, erbetene Hilfen zu geben und in Solidarität mit einer in Geschichte und Gegenwart dezimierten, verfolgten und diskriminierten Minderheit ein Stück Unmenschlichkeit unserer Gesellschaftsstruktur zu bekämpfen.

6 Planung offener Lerngelegenheiten

Bereitet ein Lehrer seinen Schulunterricht vor, bzw. entwirft ein Fachdidaktiker ein Unterrichtsmodell, besteht eine wesentliche Planungs- und Konstruktionsleistung darin, vermittels der sogenannten didaktischen Analyse bzw. im Rahmen einer curricularen Besinnung ohne Vorwegkenntnis der konkreten Unterrichtssituation die Lehrabsichten (Lehrerziele) und die Lernziele der Schüler »an sich« herauszudestillieren und festzulegen. Unterricht wird nach erfolgreicher Vorwegbestimmung der Ziele als Instrument der Einlösung verstanden, »als etwas, mittels dessen Lernprozesse auslösbar, steuerbar, kontrollierbar zu machen sind. Unterricht in dieser Perspektive ist die Summe von gezielten Beeinflussungen, die einen Lernenden vom Lernzustand A in den Lernzustand B versetzt. Die den Lernenden beeinflussenden Zugriffe sind ihrerseits auf ihre Wirksamkeit so zu überprüfen, daß das Lernergebnis prognostizierbar, um nicht zu sagen garantierbar wird. Alles Interesse am Unterricht geht auf die effiziente und ökonomische Produktion des Lernzustandes B«. In dieser Form der Unterrichtsvorbereitung liegen »die Endverhaltensweisen, die Trainingsschritte und der Enderfolg ... fest, bevor die Individuen feststehen, die mit diesem Instrument erfolgreich bearbeitet werden. Wie ein Ingenieur eine Maschine, ein Haus plant und konstruiert, so konstruiert und plant der Lerningenieur den Aufbau einer Leistungsqualität, ganz unabhängig und abgelöst von den Subjekten, die diesen Ingenieur so wenig interessieren wie den Bauingenieur die Landschaft, aus der der von ihm zu verbauende Kies stammt ...« ».. . (N)icht zielführende Aktivitäten während des Kursverlaufs (sind) nicht legitimierbar ...« ». . . niemand beispielsweise würde an einer Waschmaschine Teile belassen, deren Bewegung leerläuft und nichts beiträgt zum Produkt ...« Wenn in diesem Verlaufskonzept von Lernen die Kursteilnehmer andere als die gewünschten, vorgesehenen Probleme entdecken und Informationen mobilisieren, deren Berücksichtigung andere als die vom Leiter vorweg festgelegten und daher intensiv gewünschten Lernziele begünstigen, gefährden sie die Erreichung der Lernziele und bewältigen nicht die vorgezeichneten Lernschritte; kurzum: Die Schüler zeigen Fehlverhalten (Rumpf 1976, S. 34 ff.).

Diese Planungsperspektive ist uns allen auch aus der Erwachsenenbildung vertraut. Fast alle in der Erwachsenenbildung pädagogisch Tätigen sind es gewohnt, mit didaktischen Planungsarbeiten zu Hause am Schreibtisch, auf die sich dann die Steuerungsarbeit in der Veranstaltung selbst stützt, eine vormundschaftliche Entscheidung über die Auswahl und Begründung des jeweiligen Lerngegenstandes als Lehrgegenstand zu treffen. »Aber auch die wohlwollendste vormundschaftliche Entscheidung – oder vielleicht gerade sie am meisten – produziert Unmündigkeit, weil sie ... die Betroffenen von dem Prozeß der Planung und Entscheidung ausschließt und es ihnen so unmöglich macht, an der Entscheidungs- und Auswahlproblematik und deren Bewältigung selbst zu wachsen und selbständig zu werden ... Die Lernenden werden zum Objekt strategischer Überlegungen und strategischer Handlungsweisen des Lehrers ...« (Groddeck 1977, S. 52).

Vorausbestimmte Lernziele verhindern die Berücksichtigung der Zusammensetzung wie der inneren Struktur der Lerngruppe und der sozialen, motivationalen, gruppendynamischen Voraussetzungen, Bedingungen und Nebenwirkungen des Lernprozesses. Sie verhindern die Berücksichtigung der emotionalen, sozialpsychologischen und gruppendynamischen Erfordernisse, die sich aus dem gemeinsamen Lernen ergeben.

Vorausbestimmte Lernziele vermindern oder verhindern die Möglichkeit der Mitgestaltung und Mitbestimmung durch die Teilnehmer, der Selbstorganisation und eigenen Schwerpunktsetzung durch die Gruppe selbst.

Vorausbestimmte Lernziele verhindern es zumeist, die Sozialerfahrungen der Teilnehmer, ihre je subjektiven Interessen, Bedürfnisse und Wünsche zu berücksichtigen.

Ich möchte Sie als Teilnehmer wie als pädagogische Mitarbeiter der Erwachsenenbildung auffordern, sich mit dem Herrschaftscharakter traditioneller pädagogischer Planung bewußt zu beschäftigen und gemeinsam Wege zu finden, wie Planung gleichzeitig demokratisch, sachgerecht, offen, für alle zumutbar, aber auch von allen verantwortet geschehen kann.

Planung soll nicht festlegen, sondern Möglichkeiten offenhalten

Die Einsicht des Bauhaus-Architekten W. Gropius, planen dürfe nicht festlegen, sondern habe Möglichkeiten für die Zukunft offenzuhalten, gilt auch für die Vorbereitung offener Lerngelegenheiten, die anderen Kategorien als die Planung schulischen Unterrichts verpflichtet sein muß:

Da Sie als Teilnehmer nicht zu Objekten überfahrender Planungsaktivität gemacht werden dürfen, geht es um das spannungsvolle Miteinander von notwendiger Vorbereitung und der Bereitschaft zu rückhaltloser Offenheit. Es geht um die »Planung des Nichtplanbaren« (Rösler 1975). Die Form der gemeinsamen Verständigung über das, was die Gruppe herausfinden, tun und unterlassen will, muß insbesondere vom pädagogischen Mitarbeiter ganz bewußt als der eigentliche Prozeß relevanter Entscheidungen im Hinblick auf das Seminar ernstgenommen werden.

Das freilich ist eine ungewohnte und daher schwierige Arbeit. An die Stelle der Frage des Leiters: »Was will *ich* für die Teilnehmer, das *sie* lernen müssen?« tritt die Bereitschaft, sich »schrittweise mit der jeweiligen Lerngruppe über die unterschiedlichen individuellen Bedeutungs- und Erlebnisvariationen des gerade anstehenden Inhalts offen auszutauschen, eine Planung der gemeinsamen Lehr-Lern-Situationen auch gemeinsam festzulegen und so einen tragfähigen Konsens und eine solche Arbeitsabsprache kommunikativ auszuhandeln, bevor die eigentliche Auseinandersetzung um das inhaltliche Problem beginnt« (Groddeck 1977, S. 52).

Diese Aufgabe gemeinsamer Planung und gemeinsamer inhaltlicher, sozialer und methodischer Entscheidungen ist nicht gerade einfach und enthält – bezogen auf die bisherigen Gewohnheiten schulischer »Gewaltenteilung« – für beide Parteien eine Reihe von Zumutungen: Derjenige, der die Lernarbeit als fachlicher oder pädagogischer Mitarbeiter vorbereitet, begleitet und auswertet, muß dies viel gründlicher und nachdenklicher als früher tun.

Je mehr er die Selbständigkeit und Eigenverantwortlichkeit der Lerngruppe ernst nimmt, desto weniger kann er erwarten, daß die eigene Wunschplanung realisiert wird.

Auch bei gemeinsamer Planung durch alle Beteiligten wird in der Erwachsenenbildung, anders als in der Schule, das richtig Gewollte immer wieder durch unvorhersehbare Ereignisse gestört. Gerade diese Begrenzung der Planarbeit von Lernprozessen Erwachsener ist das eigentlich Aufregende an der offenen Bildungsarbeit. Der didaktischen Planung stehen so viel scheinbar zufällige Faktoren entgegen: die Lebenswelt und die Lebensgeschichte der am Lernen Beteiligten, alle personengebundenen Momente der Lernenden wie der Lehrenden, der »Widerstand der Sache« (Bollnow 1975, S. 27). Die vermeintlichen Störungen der pädagogischen Vorausplanung enthalten einerseits viele produktive Möglichkeiten für die Lerngruppe, erfordern aber andererseits vom Leiter Risikobereitschaft und Offenheit für die sich unerwartet bietenden Arbeits-, Denk- und Handlungsmöglichkeiten und damit die grundsätzliche Bereitschaft, die gründlich vorbereitete Planung zugunsten anderer Arbeitsvorschläge aus der Gruppe zurückstellen zu können.

Die erforderliche innere und äußere Beweglichkeit des Leiters enthält andererseits wiederum die Gefahr, daß der Plan, das hier Notwendige zu lehren und zu lernen, zugunsten aller möglichen Zugeständnisse an ganz zufällige Vorschläge aus der Gruppe vollständig aus dem Blick gerät. Keine Theorie kann dem Leiter aber sagen, wie er im einzelnen Fall zwischen der begründeten Zielstrebigkeit seiner Planung und der Offenheit für sich unerwartet bietende thematische und soziale Möglichkeiten entscheiden soll. Der Leiter muß sich für die richtige Mitte zwischen Plan und Zufall spontan entscheiden. Dies im jeweiligen Entscheidungsmoment mit der Gewißheit zu tun, so das Beste für alle Beteiligten und im Hinblick auf die Sache erreichen zu können, bestimmt das spezifische Können des Leiters. Diese Fähigkeit zur Kunst der rechten Mitte läßt sich nicht nur durch die Lektüre theoretischer Schriften am Schreibtisch erwerben, sie muß vor allem durch Übung und deren Reflexion in der Praxis erworben werden.

Dieses praktische Können ist sensibel und beweglich gegenüber dem, was in der einzelnen Lernsituation möglich ist und dem, was unvorhergesehen mit einem Mal den Verlauf bestimmt. Es hebt die Vieldeutigkeit und Widersprüchlichkeit praktischer sozialer Situationen nicht auf, sondern nimmt sie an (Kümmel 1978 b, S. 122).

Der souveräne Leiter ist gerade daran zu erkennen, ob und wie er in didaktisch phantasievoller Weise mit vorweg erkannten oder sich spontan ergebenden, überschlagsartig zusammenfassenden und zu gestaltenden Möglichkeiten umgeht.

Als produktiv wird von der Gruppe die Lernarbeit empfunden, in der es gelingt, im gemeinsamen Auskundschaften und Umstrukturieren von Lernsituationen Ziele zu bestimmen, neue Aufgaben zu entdecken und vorher nicht erkannte Horizonte auszumachen.

Als Teilnehmer sollten Sie den pädagogischen Mitarbeitern diese Möglichkeiten eröffnen helfen, gleichzeitig aber die Grenzen dieser planerischen Offenheit im Blick haben. Das sinnvolle politische Prinzip der »Selbstorganisation« verwandelt sich nämlich in Unsinn, wenn vor lauter individualistischen Sonderwünschen die Sache verlorengeht und die offene Lerngelegenheit zum Tummelplatz entfremdeten Konkurrenz- und Selbstdarstellungsverhaltens wird.

Merkliste für die Vorbereitung offener Lerngelegenheiten

Ich gehe bei der folgenden umfangreichen, gleichwohl unvollständigen Fragenliste von der Einsicht aus, daß die Gruppe, die eine offene Lerngelegenheit organisieren will, die konkrete Lebenswirklichkeit der erwarteten Lerngruppe zum Ausgangspunkt ihrer Planungen machen will. Die Beantwortung dieser Fragen sollte zum Teil durch die Vorbereitungsgruppe, zum Teil in der anfänglichen Planungsphase (Lehr-Lern-Vertrag) durch die gesamte Lerngruppe entschieden werden.

Zeitplanung

Nach C. Gattegno besteht eine der wichtigsten Pflichten der Leitungsgruppe oder des Leiters darin, die Ökonomie des Lernens zu garantieren: Leben bedeutet Zeit gegen Erfahrung einzutauschen. Daher sollte der Verbrauch von Zeit in Bildungsveranstaltungen, wenn er für den einzelnen nicht zerstörerisch wirken soll, stets zu einem Gegenwert in der Form neuer und weiterführender Erfahrungen führen. Schließlich kommen die Lernenden ja mit dem ausdrücklichen Ziel zusammen, Zeit mit größtmöglichem Gewinn gegen Erfahrung einzutauschen, Erfahrungen, die wirklichkeitsgetreu sind und jetzt für sie Bedeutung haben (Gattegno 1974, S. 55, 57).

- Wie lange soll die Veranstaltung dauern (mehrere Abende?), aus welchen Gründen?
- Wann sollte die Veranstaltung stattfinden (wochentags, am Wochenende; Schulferien und Feiertage berücksichtigen)? Um welche Uhrzeit?
- Bleibt uns genügend Zeit für alle Vorbereitungen (Absprachen, Einladungen, Planung)?

Lernort

- Wo könnte die Veranstaltung stattfinden?
- Welche technischen Fragen gilt es zu bedenken (gut erreichbarer Ort, Gebäude; Parkplatzfragen, Hausmeistergewohnheiten, Raumausstattung, Raummiete)?

Zielgruppe

- Wer fühlt sich von dieser Thematik mit Sicherheit angesprochen?
- Welchen Personenkreis wollen wir als Teilnehmer? Wie erreiche ich sie (schriftlich, telefonisch, Presse, persönliche Einladung)? Besteht diese Zielgruppe schon als soziologisch beschreibbare Größe oder bildet sie sich erst aufgrund der Betroffenheit durch das Problem?
- Ist der Zielgruppe das anstehende Problem schon bewußt oder nicht?

Mitarbeiter

- Wer stellt sich als pädagogischer Mitarbeiter (Leiter) zur Verfügung?
- Welcher Bereich wird von wem verantwortet?

Kooperation mit Dritten

- Mit welchen in der Bildungspraxis oder in der politischen, kulturellen, subkulturellen wie wissenschaftlichen Arbeit tätigen Kollegen können wir zusammenarbeiten?
- Wer kennt die zu behandelnde Sache in unserem Umfeld am besten?
- Wer könnte als Mitveranstalter auftreten?

Lernprozesse und Lernziele

- Was sollte unserer Ansicht nach bei dem ganzen Unternehmen herauskommen (Ziele, Ergebnisse)? Warum (Begründungen)?
- Was wollen die Teilnehmer vermutlich lernen und erreichen?
- Wie läßt sich in der vorgesehenen Veranstaltung ein auf den Erwerb von Kenntnissen, Fähigkeiten und Fertigkeiten sowie die Bewältigung konkreter Aufgaben bezogenes Lernen mit sozial-emotionalem, auf die Veränderung von Einstellungen und Verhalten gerichtetem Lernen verbinden?
- Welche orientierenden Funktionen (Problemorientierung, Stärkung der Wahrnehmungsfähigkeit, d. h. Bewußtseinserweiterung) könnte diese Veranstaltung für alle Beteiligten haben?

- Welche trainierenden und persönlichkeitsaktivierenden Funktionen könnte sie haben?
- Welche durch die Trägerinstitution schon bestimmten institutionellen Ziele scheinen festzustehen? Welches Interesse hat die Institution, solche Ziele gesellschaftlich zu verfolgen?
- Welche konkreten Anwendungsmöglichkeiten (eigene Praxis) für das hier Gelernte sind im Blick? Welcher »praktische Nutzen« ist für die Teilnehmer und uns selbst zu erwarten?

Thema

- Ist das Thema klar und verständlich formuliert?
- Anhand welcher Inhalte, exemplarischen Fälle, Problemsituationen können die Ziele angegangen werden?
- Läßt sich für diese Thematik im Hinblick auf Kenntnisse und Einsichten der Umfang dessen, was *unbedingt* gelernt werden muß (das Fundamentale) ausmachen?
- Soll das Thema als Fragestellung, These oder Annahme formuliert werden?
- Wie berücksichtigen wir den Umstand, daß es einer ganzen Reihe von Teilnehmern nicht um die Sache allein, sondern vor allem um Kontakte, Gespräche, Zuwendung, also um die Erfüllung affektiver und sozialer Erwartungen, geht?

Die Vorbereitungsgruppe und der Leiter

- Welcher lebensgeschichtlich bedingte Standpunkt bestimmt *unsere* Sachbewertungen? Welchen lebensgeschichtlichen Bezug haben wir selbst zu dieser Thematik?
- Wie verstehen wir unsere Funktion (neutrale Methodenberater oder inhaltlich engagierte Teilnehmer am Problemlösungsprozeß)?
- Über welche Fachkompetenzen verfügen wir selbst gegenüber diesem Problembereich? Können wir uns bis zum Beginn der Arbeit noch angemessen über die Sache informieren?

Lernbedingungen/Soziale Ausgangslage der Beteiligten

- Inwieweit können sich Schichtunterschiede in der Gruppe (unterschiedliche Schichtzugehörigkeit, Berufe, schichtbezo-

gene Interessen, Einstellungen, Alltagswissen, Sprachbarrieren) bei der Problembehandlung fördernd oder hemmend auswirken? Sind große Ängstlichkeiten vor Mißerfolgen beim gemeinsamen Arbeiten zu erwarten?
- Haben die zu erwartenden Teilnehmer gelernt, sich in der Gruppe zu äußern? Welche Methoden der Gruppenarbeit sind sie gewohnt?

Werbung und Einladung

- Wie machen wir deutlich, daß das zu Lernende einem Bedarf entspricht, »etwas bringt« (Zweckgerichtetheit)? Wie sprechen wir die zu bewältigenden Lebenssituationen in kurzen Formulierungen möglichst eindeutig an?
- Ist die Werbung unmißverständlich formuliert (griffige Schlagworte)?
- Inwieweit sind die Versprechungen unserer Werbung tatsächlich durch die Seminarvorbereitung abgesichert? Wie wird andererseits verhindert, daß die Angaben in der Vorankündigung die Offenheit der angestrebten Lernsituation behindern?
- Wie wecken wir Interesse für die eingeplanten Momente sozialen Lernens?
- Wie berücksichtigen wir, daß viele Zielgruppen durch Anzeigenwerbung nicht zu motivieren sind, durch den Einsatz anderer Werbemöglichkeiten (direkte Ansprache, mündliche Werbung an Haustüren, Gespräche, persönliche Briefe, Stelltafeln, Lautsprecherwagen, Handzettel, Plakate, Tageszeitungen etc.) aber doch?
- Wie plazieren wir den zeitlichen Einsatz der Werbung (nicht zu kurz, aber auch nicht zu lange vorher)?

Erfahrungen und Alltagsbewußtsein

- Besitzen wir zu diesem Thema schon Alltagswissen?
- Bestimmt es unsere Erfahrungen direkt oder müssen entsprechende Erfahrungen erst noch gemacht werden?
- Welche problem- oder themenrelevanten Alltagserfahrungen werden die Teilnehmer vermutlich mitbringen?

- Welche gesellschaftlichen Interessengruppen versuchen in diesem Problemzusammenhang die Bevölkerung zu beeinflussen? In welcher Richtung? Aus welchen Gründen? Mit welchen Mitteln und welchen Erfolgen?

Gesellschaftliches Wissen zu diesem Gegenstand

- Welche leicht erreichbaren Informationen gibt es zur Sache? Wo sind sie zu finden?
- Inwieweit sind die ausgewiesenen Gegenstände/Sachverhalte schon gesellschaftlich vorbewertet? Welche Literatur entspricht welchen Wertungen?
- Wer stellt die wichtigste Literatur zusammen? Unter welchen Gesichtspunkten?
- Welche Titel sind für jedermann verständlich? Wer »übersetzt« das übrige?
- Gibt es erreichbare Experten und Betroffene zu dieser Thematik? Welche grundsätzlichen Standpunkte vertreten sie (Parteilichkeit von Wissenschaft)?
- Kann dieser Personenkreis wissenschaftlich seriös und gleichzeitig verständlich, bezogen auf die Erlebniswelt der Lerngruppe, sein Wissen weitergeben?
- Wer kümmert sich um die Experten und führt sie in die von uns geplanten offenen Arbeitsformen ein?

Lebenssituationen

- Welche Lebenssituationen könnten mit dem angestrebten Lernen bewältigt werden? Welches notwendige Informations- und Handlungswissen ist anzustreben?
- Welche Änderungen von Lebenssituationen sind unserer Einschätzung nach für einzelne oder Gruppen wünschenswert und welche nicht? Unter welchen personalen, materiellen und politischen Bedingungen können diese Änderungen erreicht werden?

Das Problem

- Existiert zu diesem Problemzusammenhang schon ein Terrain von »Fertigwahrheiten« und »Fertigwerten« (Rumpf

1976, S. 170)? Wenn ja, von wem stammen sie und wer hat ein Interesse an ihrer Verbreitung? Wie werden sie begründet, wie kritisiert? Wie stehen wir selbst zu diesen Setzungen?

- Worin besteht das Problem (in einem Satz, einer Frage formulieren)?
- In welche historischen und strukturellen Teilaspekte läßt es sich zerlegen?
- Von welcher These gehe ich aus (Begründung)?
- Welche Problemlösungen werden wohl auf der Teilnehmerseite favorisiert und warum?

Vermutete Interessen, Bedürfnisse und Erwartungen der Teilnehmer

- Welcher Zusammenhang besteht zwischen den Bedürfnissen der Bevölkerung und der zur Zeit praktizierten Politik in diesem Zusammenhang?
- Welche Interessen und Bedürfnisse verfolgen wir selbst in diesem Feld?

Verlauf der Veranstaltung und eingesetzte Methoden

- Welche Veranstaltungsform paßt zur Thematik?
- Welche Anwärmphase sollte vorgeschlagen werden? Wer übernimmt diese Aufgabe und die Einführung in die Methode? Welche Sitzordnung schlagen wir für den Beginn vor?
- Wie stellen sich die Beteiligten gegenseitig vor? Wie stellen wir uns vor?
- Wie finden wir die Erwartungen und Interessen der Teilnehmer heraus?
- Wie wird das Ziel der Arbeit ermittelt?
- Wie bringen wir unseren Planungsvorschlag ein?
- Wer übernimmt die Aushandlung des Lehr-Lern-Vertrags?
- Welche Absprachen über den äußeren Rahmen (Arbeitszeiten, Pausen; Rauchen erlaubt?) und den Arbeits- und Diskussionsverlauf (Gesprächsleiter, Redezeitbegrenzung) müssen getroffen werden?
- Wie soll die Informationsvermittlung geschehen?
- Welche Arbeitsformen kommen überhaupt in Frage? Welche

Ausweichmöglichkeiten bestehen bei Verweigerung und Schwellenängsten?

- Sollen wir vorschlagen, gewohnte Aufgaben mit anderen zusammen, ungewohnte Aufgaben aber alleine oder in der schützenden Kleingruppe auszuführen?
- Sollen wir Arbeitsschritte vorschlagen, z. B.:
  a) Erwartungs- und Zielabklärung für den einzelnen Arbeitsabschnitt
  b) Einbringen, Sammeln, Systematisieren von Erlebnissen und Erfahrungen zum Thema
  c) Verbindung und ansatzweise Analyse der alle eingebrachten Erfahrungen bestimmenden Elemente; scharfe Abgrenzung der Fragestellung und des Problems
  d) Zusammentragen verschiedener Lösungsansätze, Vorschläge; Formulierung von Nachfragen an Dritte (Experten, Literatur) und Notwendigkeiten eigener Erkundungen durch die Gruppe
  e) Einbringen des zum Gegenstand vorhandenen gesellschaftlichen Wissens in Auswahl (Experten, Literaturinformationen)
  f) Auswertung als Aneignung der Lernarbeit und als Verabredung von Handlungskonsequenzen im Alltag; Festlegung der Aufgaben für die weitere gemeinsame Arbeit
  g) Sicherung der Arbeitsergebnisse

Arbeitsmittel und Medien

- Welche Arbeitsmittel (vom Filzschreiber über Wandzeitungen, Tesakrepp bis zum Diaprojektor) benötigen wir?
- Wer besorgt und bezahlt sie? Wie werden die Kosten gedeckt?
- Welche Medien werden von der in Aussicht genommenen Zielgruppe am ehesten angenommen?
- Welche didaktische Hilfsfunktion kommt den benutzten Medien zu?
- Gibt es zum Thema brauchbare audiovisuelle Medien (Filme, Tonbildschauen, Video, Diareihen, Tonbänder)?

- Wie setzen wir Filme als echte Arbeitsmittel (vgl. Bodemer/ Meueler 1977) ein?
- Welche Teilnehmeraktivitäten können wir mit welchen Medien erreichen?
- Welche Wahrnehmungssinne werden angesprochen (Auge, Ohr, Auge und Ohr, Tastsinn)?
- Wie aufwendig sind die Vorbereitungen?
- Sind die vorgesehenen Medien für große oder auch für kleine Gruppen geeignet?
- Muß das Medium beschafft oder kann es selbst hergestellt werden?

Auswertung als Aneignung

- Wie organisieren und systematisieren wir als Gesamtgruppe eine kontinuierliche Arbeitsbeobachtung im Sinne einer »kollegiale(n) Vergewisserung über Abläufe von Lernprozessen« (Kuhlenkamp 1976, S. 44)? Nach welchen Kriterien wird sie organisiert? Wer führt sie durch (Arbeitsteilung im Wechsel)? Wann und wie werden jeweils die Ergebnisse der teilnehmenden Beobachtung mitgeteilt? Oder würde eine solche Unternehmung unserer Meinung nach einzelne ängstigen? Sollten wir es nicht wenigstens einmal vorschlagen und versuchen?
- Wie kontrollieren wir unsere eigenen Anteile am Seminar (Problemeinführung, unsere Sprechaktivitäten und »Sendezeiten«, Methodenhinweise, Sachbeiträge, Reaktionen auf Teilnehmerhandeln)? Durch eine teilnehmende Beobachtung oder eine Feedbackgruppe der Teilnehmer?
- Wie können wir feststellen, ob einzelne Teilnehmer über- oder unterfordert sind? (vgl. Aneignungs-Techniken bei: Rabenstein 1979)
- Wie sollen Zwischenauswertungen organisiert werden?
- Welche Folgeaktivitäten sind denkbar?
- Wie wird das Gelernte angewendet? Ist eine Begleitung bzw. Beratung der Gruppe weiterhin notwendig?

Handlungskonsequenzen der Lernarbeit

- Wenn wir die Forderung, die Lernarbeit solle aus der Praxis kommen, aus ihr schöpfen und wieder in sie münden, um sie zu verändern, ernstnehmen, ist die Frage, worin die angestrebte Lernarbeit ihren Nutzen für die alltägliche Praxis haben sollte, wichtig. Wie können diese Handlungskonsequenzen schon in der Lernarbeit vorbereitet werden?

- Zu welchem Zeitpunkt erbitten wir eine Entscheidung im Hinblick auf die notwendigen Handlungskonsequenzen (wobei zu beachten ist, daß die Handlungsmöglichkeiten der Gruppe nur dann durchgearbeitet werden sollten, wenn sie sich tatsächlich als handlungsbereit erweist)?

7 Arbeitstechniken und Arbeitsmittel

Im Gegensatz zur Schule können Erwachsene alle nur erdenklichen Formen des Miteinander-Umgehens und der gemeinsamen Arbeit verabreden. Die Freude, die die einen am sozialen Experiment, am Spiel und an der nicht-sprachlichen Kommunikation finden, löst bei anderen Erwachsenen wiederum Ängste vor unerwarteten Zumutungen, dem Risiko, sich zu »blamieren« und etwas falsch zu machen, im Grunde oft Angst vor der Freiheit, aus. Daher möchte ich abschließend noch einige Anmerkungen dazu machen, warum es wichtig ist, eine Fülle brauchbarer und hilfreicher Methoden zu kennen, warum ihr Einsatz immer der Zustimmung aller bedarf und warum ihre Kenntnis dennoch keinen magischen Schlüssel zum Erfolg der gemeinsamen Arbeit bedeutet.

Zielentscheidungen gehen der Methodenauswahl voran

Wie der griechische Ursprung unseres Begriffs »Methode« (»Weg«) schon deutlich macht, gibt es Arbeitstechniken immer nur als Weg zu bestimmten Zielen. Ob eine Methode erfolgreich oder nicht erfolgreich ist, richtet sich danach, ob dieser Weg zum Ziele führt. Das gilt für alle Ziele: für solche, die genau festgelegt sind, für solche, die, ganz offen formuliert, eher die Richtung als den Endpunkt angeben und für solche, die die Aneignung der Methode selbst zum Inhalt haben.

Kurzum: Über Methoden kann man nur sinnvoll diskutieren und entscheiden, wenn schon Entscheidungen über Ziele und Inhalte des Lernens gefallen sind. Umgekehrt schließt jede Methode immer schon Vorentscheidungen über Zielsetzungen und Inhaltlichkeit ein. Dies muß für die Erwachsenenbildung deutlich betont werden, weil es hier eine ganze Reihe von Methoden der Gruppenarbeit vor allem aus dem Bereich der Gruppendynamik gibt, über deren Einsatz unter dieser Perspektive kritisch nachgedacht werden muß. Ich muß mich fragen, was ich als Leiter oder Teilnehmer mit diesem und jenem Aktionsvorschlag will und muß, um die Zustimmung der Gruppe zu erlangen, den Nutzwert der vorgeschlagenen Methode anschaulich und nachvollziehbar als notwendig erläutern können.

Hinweise auf nützliche Methodensammlungen

In dieser Schrift wurde auf eine eigene ausführliche Darstellung von Methoden und Medien der Erwachsenenbildung verzichtet, weil es eine ganze Reihe vorzüglicher Abhandlungen gibt, die jeder, der als pädagogischer Mitarbeiter in der Erwachsenenbildung tätig ist, aber auch jeder, der selbst über denkbare Arbeitsmethoden Bescheid wissen möchte, besitzen sollte, z. B.: Baer/Kirchgässner 2/1975; Baer 3/1977; Grom 1976; Kirst/Diekmeyer 1972; Hostie 1975; Vopel 1976; Erl 1969; Höper u. a. 1974; NCA o. J.; Kirsten/Müller-Schwarz 1973, Schwäbisch/Siems 1974; Denker/Ballstaedt 1976, Gudjohns 1978; Rabenstein 1979; Knoll 1991.

Die anzuwendenden Methoden müssen von dem, der sie einsetzt, ausprobiert und eingeübt worden sein. Er muß sich ihrer sicher sein. Die Gruppe kann sich solcher Methodensammlungen bedienen, um gemeinsam die Wege herauszufinden, die am besten zu den ausgewählten Zielen führen.

Allerdings ist vor dem Irrtum zu warnen, theoretisch einleuchtende Techniken und Methoden garantierten bei wechselnden Gruppen den stets gleichen Erfolg. Techniken und Methoden sind keine magischen Mittel und Zaubertricks.

Sie müssen immer wieder in der pädagogischen Praxis gefunden, erprobt, gebildet und neu gebildet werden, der Wirklichkeit und dem Bewußtseinsgrad der am Lernen Beteiligten entsprechend.

Methoden und soziales Lernen

Der Einsatz von Methoden und Arbeitsmitteln (Medien: Film, Dias, etc.) ist nicht nur von inhaltlichen Zielvorstellungen (»Was wollen wir am Ende wissen, können, einsehen?«) her zu begründen, sondern ist vor allem auch von den jeweils individuellen, gruppenspezifischen und kulturellen Voraussetzungen der Teilnehmer her und im Hinblick auf soziales Lernen sorgfältig abzuwägen:

- Eine Gruppe von Hausfrauen, die nie die Chance besaßen, öffentlich Sachdebatten zu führen, ist oft mit der Methode »wissenschaftliches Referat und Diskussion« überfordert.
- In einer Gruppe von Älteren entwickeln sich Ängste (Verweigerung) vor einer vorgeschlagenen Methode, die körperliche Berührungen enthält. Sie haben ganz andere soziale Erwartungen an eine solche Lernarbeit.

Jede Methode der Erwachsenenbildung enthält eine bestimmte Struktur sozialer Beziehungen, eine Reihe von Angeboten und Möglichkeiten, miteinander auf eine vom Alltag unterschiedene und daher neuartige Weise zu reden, zu arbeiten, zu spielen, nachzudenken und zu handeln. Sie ergibt eine im einzelnen oft nicht vorhersehbare Dynamik zwischen den Beteiligten (Gruppendynamik). Die Art, wie sie eingesetzt und von den einzelnen genutzt wird, hat oft zu tun mit Machtansprüchen, Selbstdarstellungswünschen, Werbung um Zuwendung der anderen, Isolationsängsten versuchter und gelungener Kommunikation, Beeinflussungs- und Störversuchen, Aggressionen der Angst, sich zu blamieren etc. Gleichgültig, welche Methode auch immer verabredet wird – durch ihren Vollzug werden immer auch soziale Beziehungen auf- oder abgebaut, eingeschliffen oder verhindert, gefestigt oder gelöst, gefördert oder gehemmt. Immer werden bestimmte soziale Einstellungen und Verhaltensweisen verstärkt bzw. verunsichert oder provoziert. Dies muß bei der Auswahl von Methoden bedacht und bei ihrem Einsatz für die am Lernen Beteiligten bewußt gemacht werden.

Methoden müssen bei ihrem Einsatz grundsätzlich von beiden Seiten anerkannt und angenommen werden, da sich in ihnen ja Lehr- und Lernprozesse gleichzeitig abspielen sollen. Beides, Lernen und Lehren, soll ja zweierlei zur gleichen Zeit erreichen: daß sich den lernenden Erwachsenen Zugänge zum Verstehen ihrer Lebenswirklichkeit erschließen und sich die Erwachsenen zugleich selbst für diese Wirklichkeit und ihre Bedingungen und Praxisnotwendigkeiten aufschließen. Diese doppelseitige Erschließung ist von so vielen Arbeitsfaktoren und sozialen Bedingungen abhängig, daß nie gesagt werden kann, ob und inwieweit welche Methode dies entscheidend fördern kann. Der Leiter bzw. die Vorbereitungsgruppe muß daher über ein themenbezogenes Methodenrepertoire verfügen, um allen Beteiligten trotz aller Unterschiede in den mitgebrachten Vorerfahrungen, Deutungssystemen und Voreinstellungen ein ziel- oder sachbezogenes Lernen ermöglichen zu können.

In den letzten Jahren haben vor allem die Methoden, die unter dem Sammelbegriff »Gruppendynamik« auf die Verbesserung der sozialen Kompetenz zielen, eine mehr von Phantasien und Polemik denn von didaktischen Kategorien bestimmte Diskussion über Erfahrungslernen in der Gruppe erzeugt:

Interaktionistische Methoden sollen vor allem dem Auffinden neuer Erkenntnisse dienen. Sie besitzen keinen Sinn in sich selbst, sondern dienen lediglich als Hilfsmittel und vorübergehende Angebote an die Teilnehmer, psychische Prozesse in Gang zu halten. All diese Spiele, Übungen, Techniken sind zweischneidig: Sie können helfen, mehr Freiheit des Sich-selbst-Erlebens zu schaffen und den echten Ausdruck von Gefühlen zu ermöglichen. Sie können aber auch authentische Selbsterfahrung und Spontaneität verhindern. Sie sind wertlos, wenn sie nicht klären helfen, was die Gruppenmitglieder wirklich voneinander wollen und was der persönliche Standort und die Kritik sich selbst und anderen gegenüber für sie bedeuten. In jedem Falle ist es wichtig, in der Aneignungsphase nach jeder Übung das subjektive Erleben herauszufinden, ob und inwieweit durch diese Techniken gegenseitige und gefühlsmäßige Anteilnahme ausgelöst wurde, die Probleme eingrenzte, Verständnis ermöglichte und emotionale Ungereimtheiten behandeln ließ.

Die Lebenswirklichkeit als Medium der Erwachsenenbildung

Diejenigen, die sich einst in unserer Kulturgeschichte dazu entschlossen, das Lernen im Alltag, durch den Alltag und für den Alltag durch eine systematische Belehrung der Kinder und Jugendlichen in Schulzimmern abzulösen, hatten gute Gründe dafür, warum sie den Ort des Lernens von der prallen und mitunter die Konzentration beeinträchtigenden Lebenswirklichkeit auszugrenzen versuchten. Diese Ausgrenzung wurde immer weiter perfektioniert, so daß im Raum der Schule eine eigene, künstliche Wirklichkeit neben die reale getreten ist. Niemand kann sich all den einleuchtenden pädagogischen und unterrichtstechnischen Begründungen dafür entziehen, daß anstelle lebendiger Tiere ausgestopfte Exemplare, anstelle der kontroversen politischen Diskussion zugelassene und für diese politische Zensur der Zulassung eigens präparierte Schulbücher im Unterricht verwandt werden. Es wird über den Wahlkampf gesprochen, aber an vielen Schulen dürfen weder Lehrer noch Schüler wahlkämpferische Buttons tragen, etc. Die Reihung von Beispielen für die Pädagogisierung und funktionale Vereinfachung und Veränderung der Wirklichkeit für ihren Gebrauch in Schulen ließe sich endlos fortsetzen.

Ich erwähne diesen Sachverhalt, um Sie aufzufordern, sich mit solchen Eingrenzungen und Zulassungsverboten in der Erwachsenenbildung nicht abzufinden. Nehmen Sie als Medium (vom lateinischen »medium« = »Mitte«) der von Ihnen selbst zu bestimmenden Lernarbeit Ihre gesamte Lebenswelt, die selbst erlebte und die durch andere Personen, das Fernsehen, Zeitungen, Bücher und vieles andere mehr vermittelte Realität. Als Mitte und Mittel des von Ihnen angestrebten oder Ihnen zugemuteten Lernens können Sie die eigenen Erfahrungen von den

Dingen ebenso wie die gesellschaftlichen Einsichten und Kenntnisse, niedergelegt in wissenschaftlicher wie sonstiger Literatur, nutzen.

Nehmen Sie alle Möglichkeiten wahr, die »Mitte« zwischen sich und anderen Menschen selbst herzustellen, durch Spiele, durch gemeinsames Musizieren, Tanzen, Basteln, Formen mit Ton, gemeinsames Arbeiten, Schweigen, Lachen und Streiten, Anhören, Zusehen, Einmischen, durch eine Fülle von Ihnen zu entdeckender Möglichkeiten, sich und die anderen, die Geschichte und die Gegenwart zu verstehen. Formen des humanen und herrschaftsfreien Umgangs miteinander gelten in dieser Arbeit als Medium ebenso wie die Sprache, die Geste, Körpersprache überhaupt, aber auch Tafel, Kreide, Wandzeitungen, Filzstifte, Farben, Filme, Fernsehsendungen, Dias, Arbeitspapiere, Bücher etc.

Seien Sie erfinderisch! Seien Sie neugierig! Probieren Sie sich und Ihre Umwelt aus!

8 Theorie und Praxis: Die Geschichte vom vollkommenen Kamel

Vier Gelehrte zogen vor Jahren mit einer Karawane durch die Wüste Kawir. Am Abend saßen sie an einem großen Feuer zusammen und sprachen über ihre Erlebnisse. Voller Lob waren sie alle über die Kamele, deren Genügsamkeit sie erstaunte, deren Kraft sie bewunderten und deren bescheidene Geduld für sie fast unverständlich war. »Wir alle sind Meister der Feder«, sprach der eine. »Laßt uns zum Lobe und zu Ehren des Kamels etwas über dieses Tier schreiben oder zeichnen.« Mit diesen Worten nahm er eine Pergamentrolle und begab sich in ein durch Öllampen erleuchtetes Zelt. Nach wenigen Minuten kam er heraus und zeigte sein Werk seinen drei Freunden. Er hatte ein Kamel gezeichnet, wie es sich gerade aus seiner Ruhelage erhob. Das Kamel war so gut getroffen, daß man fast denken konnte, es lebe. Der nächste ging in das Zelt und kam bald wieder heraus. Er brachte eine kurze sachliche Darstellung über den Nutzen, den Kamele für eine Karawane brächten. Der dritte schrieb ein bezauberndes Gedicht, in dem er die Langmut des Kamels mit der eines Weibes verglich. Da begab sich schließlich der vierte in das Zelt und verbot den anderen, ihn zu stören. Nach einigen Stunden, das Feuer war längst herabgebrannt und die Gefährten schliefen, hörte man immer noch das Kratzen der Feder und monotonen Gesang aus dem schwach erleuchteten Zelt. Am nächsten Tag warteten die drei genauso vergeblich wie am zweiten und am dritten Tag auf ihren Gefährten. Wie die Felswand sich hinter Aladin geschlossen hatte, so verbarg das Zelt den vierten Gelehrten. Endlich am fünften Tag lüftete sich der Zelteingang und der Fleißigste aller Fleißigen trat heraus – übernächtigt, mit tiefen, schwarz geränderten Augen und eingefallenen Wangen. Das Kinn war von Bartstoppeln umrahmt. Mit müden Schritten und einem Gesichtsausdruck, als hätte er grüne Zitronen gegessen, kam er auf die anderen zu. Überdrüssig warf er ihnen ein Bündel Pergamentrollen auf den Teppich. Auf der Außenseite der ersten Rolle stand groß und breit »Das vollkommene Kamel oder: Wie ein Kamel sein sollte . . .« (Peseschkian 1977, S. 36 f.)

Ich habe in diesem Buch versucht zu zeigen, warum Sie und wie Sie Ihren Alltag durch selbstbestimmtes Lernen mit anderen zusammen verändern können. Dabei habe ich mich, ohne es zu wollen, streckenweise wie der vierte Gelehrte in dieser orientalischen Geschichte verhalten.

Meine Vorschläge (eine Art Praxistheorie des selbstbestimmten Lernens) machen sicherlich Mühe. Sie fühlen sich stellenweise so pappig an wie der Reisberg vor dem Schlaraffenland, ohne daß ich das mindeste Versprechen abgeben könnte, daß mit dem Durchfressen das gelobte Land erreicht wird. Ich wollte Ihnen keine einlinigen Anweisungen geben, habe sicherlich mehr Fragen bei Ihnen aufgeworfen als beantwortet und eine Reihe von Widersprüchen produziert.

Zwischenmenschliche Beziehungen lassen sich nicht wie technische Produkte störungsfrei herstellen, d. h. die Praxis der Erwachsenenbildung ist mehr und jeweils anders als die Realisierung ihres zuvor präzise und minuziös geplanten Ablaufs.

Da der Erfolg der Lernarbeit mit Erwachsenen bei wechselnden Gruppen immer nur schwer vorhersehbar und die versuchte Bildungsarbeit eigentlich immer vom Mißlingen und Scheitern bedroht ist, besteht vielfach die Erwartung, es gebe irgendwelche hieb- und stichfesten Theorien, eine Art eiserne Ration von Tips und Rezepten, die grundsätzlich und überall Erfolg garantierten. Diese Hoffnungen kann auch das vorliegende Buch nicht erfüllen. Es gibt keinen didaktischen und methodischen Wechselrahmen, der nur mit verschiedenen Absichten und Themen gefüllt, überall passen würde.

Im Gegenteil: Einer *problemformulierenden* Bildungsarbeit, deren Teilnehmer fragen lernen, anstatt sich mit vorgefertigten Antworten abspeisen zu lassen, kann nur eine Theorie der Erwachsenenbildung entsprechen, die Probleme bewußt anspricht. Als *handlungsorientierte* Theorie formuliert eine Praxistheorie der Erwachsenenbildung die gesellschaftlichen Bedingungen, die Gründe und Prinzipien des pädagogischen Handelns, die Ziele und die methodischen Unerläßlichkeiten, diese Ziele auch wirklich zu erreichen.

Will eine solche Theorie handlungsrelevant sein, muß sie mit der normalen Alltagspraxis von Erwachsenenbildung koordiniert sein, aus ihr schöpfen und wieder in sie münden.

Überall dort, wo die am gemeinsamen Lernen und Lehren Beteiligten ihre besondere Praxis kritisch auf allgemeine Einsichten hin reflektieren, kommt Theorie zustande und zwar in Einheit mit der Praxis. Indem sich Teilnehmer und pädagogische Mitarbeiter, beides Praktiker der Erwachsenenbildung, ständig kritisch mit ihrer Arbeit auseinandersetzen, ermöglicht ihre Praxis Theorie, die ihrerseits wieder der neuen eigenen Praxis und der Arbeit Dritter vorübergehend Richtschnur sein kann.

Die Theorie begleitet die Praxis kritisch, beobachtet sie, klärt sie über sich selbst auf, sichert sie vor Selbstbetrug und versteht sich insofern als ein Moment der Praxis selbst. Das zu Erklärende steckt zwar in der praktischen Realität, aber die Erklärung kommt aus der Theorie. Die Praxis benötigt ihrerseits diese beschreibende, analysierende, kritisierende und mitunter voranlaufende Begleitung, um etwas über sich selbst herauszufinden und um träge Praxisgewohnheiten zu überwinden.

Andererseits muß die Theorie ihren Gehalt praktisch unter Beweis stellen und sich durch ihre pädagogische Durchführbarkeit ausweisen.

Es ging mir darum, Probleme des gemeinsamen Lernens von Erwachsenen aufzuzeigen und darzutun, daß es keine von den im gemeinsamen Lernen handelnden Personen unabhängige Theorie einer selbstbestimmten Erwachsenenbildung geben kann, die dann in der Praxis selbst sichtbar bestätigt oder widerlegt wird. Die Theorie dieser Bildungsarbeit und ihre Praxis werden vielmehr durch Sie als den Leser mit den am gemeinsamen Lernen Beteiligten erst miteinander vermittelt. Da es keine Arbeitssituation in der Erwachsenenbildung gibt, die der anderen aufs Haar gleicht, kann es kein theoretisches Verfügungswissen geben, was die Praxis als erfolgreiche Vollstrekkung vorheriger Detailpläne exakt herstellbar macht.

Dabei bin ich mir bewußt, daß alle pädagogischen Theorien und Modelle (so auch mein Versuch) immer nur Beschönigungen der Praxis darstellen, das Erlebte romantisieren und damit so ohne weiteres nicht realisierbare Überschüsse produzieren.

Natürlich weiß auch ich, daß Sie, sofern Sie als Pädagoge Ihren Lebensunterhalt in Institutionen der Erwachsenenbildung verdienen müssen, die sozialen Barrieren zwischen »Leiter« und »Teilnehmer« immer nur ansatzweise aufheben können. Schließlich lebt ja Ihr Beruf von der Trennung zwischen Ihnen als dem »Wissenden« und den Teilnehmern, die vermittels Ihrer Unterstützung zu »Wissenden« werden wollen, obwohl sie es vielleicht schon lange sind.

Auch ich weiß, daß die historisch gewachsenen gegenseitigen Rollenerwartungen, Profilierungs- und Selbsterhaltungszwänge, die täglich erlebte politische Zensur nicht einfach an der Garderobe des Veranstaltungsortes zugunsten einer herrschaftsfreien Lernarbeit abgegeben werden können.

Sicherlich ist auch mein Verständnis eines wechselseitigen Bezugs von Theorie und Praxis idealistisch: Solange es auch von ihrem eigenen Anspruch und Selbstverständnis her Experten, Wissenschaftler, Theoretiker gibt, wird vielleicht immer der Wechselbezug so bleiben, wie er ist und wir ihn erleiden. Analog der Trennung von Kopf- und Handarbeit gibt es und wird es »Auswertende« und »Handelnde«, »Theoretiker« und »Praktiker« geben. Natürlich treten sie in einen Dialog: Die Wissenschaftler »begleiten« ab und zu die Praxis, machen teilnehmende Beobachtung und werten ihre Forschungen in wissenschaftlichen, vor allem ihnen selbst dienlichen Veröffentlichungen aus. Die Praktiker dürfen allenfalls Praxisberichte schreiben und sich von den Theoretikern dieses Arbeitsfeldes fortbilden lassen. Ihre Anteile an der Produktion der benötigten Praxistheorie der Erwachsenenbildung bleiben aber in der Regel minimal, da die Theorie zumeist von denen definiert wird, die von dieser Theoriearbeit leben müssen und daher unter einem Produktionszwang stehen. Häufig genug »bedienen« sie sich nur der Praktiker, so wie es für ihr eigenes Theoriegebäude und die eigene wissenschaftliche Selbstdarstellung nützlich ist.

Dies stelle ich nicht voll moralischer Entrüstung, sondern in nüchterner Beobachtung der geltenden gesellschaftlichen Rollenzuweisungen fest.

Aber: Es liegt an uns, an Ihnen wie mir, diese entwürdigenden Gewohnheiten aufzuheben, andere Formen des Umgangs und Lebens miteinander zu versuchen und durchzuhalten.

Ist das keine Utopie? »Aber ja: *Alle sind Utopiker*, Sie auch, sobald Sie nicht vollkommen und blindlings ergeben sind, sobald Sie etwas anderes wünschen und kein Exekutor, kein Scherge sind.« (H. Lefebre 1972, S. 108)

Literaturverzeichnis als Danksagung an all diejenigen, aus deren Erfahrungen, Ideen, Theorien und Kritik ich gelernt habe

Dieses Buch entstand aus der Vermittlung eigener Erfahrungen mit Lektüren und kollegialem Gedankenaustausch. In einer ersten Fassung hatte ich zwar jeden bei Dritten aufgefundenen Gedanken mit einer wissenschaftlichen Anmerkung nachgewiesen, damit aber ein völlig unleserliches Buch geschrieben. Ich entschied mich daher für ein umfangreiches Literaturverzeichnis als gesammelter Danksagung an all diejenigen Kollegen, aus deren Erfahrungen und Gedanken ich bei der Niederschrift meines Versuchs gelernt habe. Für das ständige oder gelegentliche gründliche Gespräch danke ich meiner Frau Christiane, Gerwin Dahm, Fred Dorn, Christoph Meier, Werner Raith, Ursula Schuch, Manfred Weber und vor allem Jochen Grube vom Verlag Klett-Cotta.

Albert, H. (Hrsg.): Theorie und Realität. Ausgewählte Aufsätze zur Wissenschaftslehre der Sozialwissenschaften. (Die Einheit der Gesellschaftswissenschaften 2.) Tübingen 1964.

Alternative Schulen: Alternative Schulen in der BRD (ein Gespräch mit Rainer Winkel und Jörg Ramseger von Lutz von Dick). In: päd. extra 4/1978, S. 31 bis 34.

Angst (o. V.): Die Angst vor der Theorie. Wie Studenten der Polizei des »Begriffs« zu entgehen versuchen. In: Sozialmagazin Juni 1977, S. 12–23.

Arbeitsgruppe Bielefelder Soziologen (Hrsg.): Alltagswissen, Interaktion und gesellschaftliche Wirklichkeit. 2 Bde. Reinbek 1973.

Auernheimer, G.: Gestern der Plattenspieler, heute der Kassettenrecorder und morgen . . .? Narziß, Kapitalismus und Konsumverhalten. In: päd.extra 7/8/1978, S. 64–67.

Bach, G. R./Molter, H.: Psychoboom. Wege und Abwege moderner Therapie. Reinbek ²1979.

Baer, U.: Remscheider Diskussionsspiele. 6 Spielverfahren für die Gruppenarbeit mit Jugendlichen und Erwachsenen. Akademie Remscheid 3/1977.

Baer, U./Kirchgäßner, H.: warming up. Einstiegssituationen in Gruppen, Spiele zum Kennenlernen. (Informationen und Materialien zur Spielpädagogik.) Akademie Remscheid 2/1975.

Beck, H./Kräh, A./Kirks, M.: Das Konfliktgespräch in Gruppen – Rollenspiel aus einem Seminar von Dr. A. Knapp an der EWH Landau im SS 1977. In: Zs. für Gruppenpädagogik 1/78, S. 72–78.

Beck, J.: Heimlicher Lehrplan I. In: Speichert, J. (Hrsg.): Kritisches Lexikon der Erziehungswissenschaft und Bildungspolitik. Reinbek 1975, S. 165–167.

ders.: Freinet für Lehrerstudenten. In: päd. extra 4/1978, S. 28–29.

Behrendt, R./Grösch, D. (Hrsg.): Alltag Lebensgeschichte Geschichte. Psychosoziale Ansätze in der Bildungsarbeit mit Arbeiterjugendlichen. (Schriftenreihe des Wannseeheims für Jugendarbeit.) Berlin o. J. Bezugsadresse: Wannseeheim für Jugendarbeit e.V., Hohenzollernstraße 14, 1 Berlin 39.

Beier, P.: Bildungsurlaub – eine Sackgasse? Ein Lern- und Erfahrungsbericht nach drei Jahren Seminararbeit. In: Materialien zur Politischen Bildung 3. Quartal 3/1977, S. 20–23.

Belardi, N.: Erfahrungsbezogene Jugendbildungsarbeit. Gießen 1975.

ders.: Ich will ein Helfer werden. In: sozialmagazin 12/1978, S. 30–34, 43 f.

Benedict, H.-J.: Poetisch oder alltagssprachlich, literarisch oder erfahrungsbezogen? – Auseinandersetzung mit Gert Otto, Predigt als Rede. In: Theologia Practica 1/1977, S. 22–34.

Bergmann, K./Frank, G. (Hrsg.): Bildungsarbeit mit Erwachsenen. Handbuch für selbstbestimmtes Lernen. Reinbek 1977 a.

dies.: Leben und Lernen. Alternative Tendenzen in der Er-

wachsenenbildung. In: Sozialmagazin 9/1977, S. 40–44 (1977 b).
Bierhoff, B.: Überlegungen zum Theorie-Praxis-Verhältnis in der Jugendarbeit. In: Katechetische Blätter 10/76, S. 676 bis 684.
Birch, Ch.: Schöpfung, Technik und das Überleben der Menschheit. In: Matthöfer, H. (Hrsg.): Menschlich überleben. Technologien für den Frieden. Wuppertal 1976, S. 43–65.
Bloch, E.: Pädagogica. Frankfurt 1971.
ders.: Vom Hasard zur Katastrophe. Politische Aufsätze 1934–1939. Frankfurt 1972.
Bodemer, K./Meueler, E.: Zur didaktischen Relevanz entwicklungspolitischer Filme. Voraussetzungen – Analysekriterien – methodische Folgerungen. In: Zur Methodik des Lernbereichs Dritte Welt, hrsg. von der Bundeszentrale für Politische Bildung. (Schriftenreihe der Bundeszentrale für Politische Bildung 118.) Bonn 1977, S. 183–225.
Bollnow, O. F.: Das Doppelgesicht der Wahrheit. Stuttgart 1975.
ders.: Theorie und Praxis in der Lehrerbildung. In: Zs. f. Päd. 15. Beiheft 1978, S. 155–164.
Bopp, J.: Der linke Psychodrom. In: Kursbuch 55, März 1979, S. 73–94.
Borowski, G./Hielscher, H./Schwab, M.: Unterricht: Prinzipien und Modelle. Materialien für die Planungsarbeit des Lehrers. Heidelberg 1976.
Bräuer, G.: Situation, Möglichkeit, Können. In: Zs. f. Päd. 15. Beiheft 1978, S. 137–146.
Brückner, P.: Versuch, uns und anderen die Bundesrepublik zu erklären. Berlin 1978.
Buber, M.: Urdistanz und Beziehung. In: M. Buber, Werke. 1. Bd. Schriften zur Philosophie. München 1962, S. 411–423.
Buck, G.: Das Theorie-Praxis-Problem und die Pädagogik. In: Pädagogische Rundschau 5/1973, S. 261–277.
Cohen, St./Taylor, L.: Ausbruchsversuche. Identität und Widerstand in der modernen Lebenswelt. Frankfurt 1977.

Damus, M.: Funktionen der Bildenden Kunst im Spätkapitalismus. Untersucht anhand der »avantgardistischen« Kunst der sechziger Jahre. Frankfurt 1973.
Dasgupta, S.: Erziehung für eine Gesellschaft der Gewaltfreiheit. In: Wulf, Ch. (Hrsg.): Kritische Friedenserziehung. Frankfurt 1973, S. 228–243.
Dauber, H./Verne, E. (Hrsg.): Freiheit zum Lernen. Alternativen zur lebenslänglichen Verschulung. Die Einheit von Leben, Lernen und Arbeiten. Reinbek 1976.
Denker, R./Ballstaedt, St.: Aggression im Spiel. Mit Anleitungen zu Gruppen- und Gesellschaftsspielen. Stuttgart 1976.
Dorn, F./Meueler, E./Raith, W.: Musikfest der Zigeuner. Dokumentation und Auswertung eines politischen Fests mit Programmheft und zwei Musik-Kassetten. (Organisationsmodelle kirchlicher Erwachsenenbildung, Heft 14.) Darmstadt 1980 a.
dies.: Das Musikfest der Zigeuner. Medienpaket mit zwei Musikkassetten und Begleitbuch. Frankfurt 1980 b.
Emeis, D.: Anthropologische und sozial-kirchliche Voraussetzungen der kirchlichen Erwachsenenbildung. In: Feifel, E. u. a. (Hrsg.): Handbuch der Religionspädagogik, Bd. 3. Zürich/Einsiedeln/Köln 1975, S. 361–370.
Erikson, E. H.: Identität und Lebenszyklus. Frankfurt ^{2}1974.
Erl, W.: Methoden moderner Jugendarbeit. Tübingen 1969.
Freire, P.: Pädagogik der Unterdrückten. Stuttgart 1971.
ders.: Sicht der Welt. Aus: Seminaire de Paulo Freire, sur la Conscientisation et l'Alphabétisation des Adultes, Rome, 17 au 19 avril 1970. In: Stückrath-Taubert, E. (Hrsg.): Erziehung zur Befreiung. Volkspädagogik in Lateinamerika. Paulo Freire: Rezeption und Kritik. Reinbek 1975, S. 18–20.
ders.: Dialog als Prinzip. Erwachsenenalphabetisierung in Guinea Bissau. Aus dem Brasilianischen übersetzt von Karin von Schweder-Schreiner. Wuppertal 1980.
Frommann, A./Schramm, D./Thiersch, H.: Sozialpädagogische Beratung. In: Zs. f. Päd. 5/76, S. 715–741.
Gamm, H.-J.: Kapitalinteresse und Friedenserziehung. In:

Wulf, Ch. (Hrsg.): Kritische Friedenserziehung. Frankfurt 1973, S. 45–64.
ders.: Umgang mit sich selbst. Grundriß einer Verhaltenslehre. Ein Beitrag zur Pädagogischen Anthropologie. München 1977.
Gattegno, C.: Die Unterordnung des Lehrens unter das Lernen. Was wir unseren Kindern schuldig sind. Hannover/Dortmund/Darmstadt/Berlin 1974.
Geissler, K. A.: Zur Didaktik von Anfangssituationen. Ein zentrales Problem in den Seminaren zur pädagogischen Qualifizierung betrieblicher Ausbilder. In: Die Deutsche Berufs- und Fachschule, 72. Bd. Heft 10/1976, S. 749–760.
Gesprächskreis Frankfurt-Nordweststadt: Wir sprechen über Alltagserfahrungen. (Organisationsmodelle kirchlicher Erwachsenenbildung 3.) Darmstadt 1976.
Giere, W.: Das Beispiel HLZ. In: päd. extra 2/1977, S. 24–26.
Giesecke, H.: Einführung in die Pädagogik. München 1970.
Global 2000: Der Bericht an den Präsidenten (The Global 2000 Report to the President, hrsg. vom Council on Environmental Quality und dem US-Außenministerium. Gerald O. Barney, Study Director. Washington, U. S. Government Printing Office, 1980). Aus dem Amerikanischen von Th. Berendt u. a. Herausgabe der deutschen Übersetzung R. Kaiser. Frankfurt 1980.
Gorz, A.: Ökologie und Politik. Reinbek 1977.
Groddeck, N.: Funktionen des strategischen Monologs. Zum Verhältnis von Didaktik und Unterrichtsprozeß. In: betrifft: erziehung 3/1977, S. 40–42, S. 51 f.
Grom, B.: Methoden für Religionsunterricht, Jugendarbeit und Erwachsenenbildung. Düsseldorf/Göttingen 1976.
Gronemeyer, M.: Motivation und politisches Handeln. Grundkategorien politischer Psychologie. Hamburg 1976.
dies.: Erwachsenenbildung zwischen gesellschaftlichem Bedarf und individuellem Bedürfnis. In: Lott, J. (Hrsg.): Kirchliche Erwachsenenarbeit. Stuttgart/Berlin/Köln/Mainz 1977, S. 34–44.

dies.: Der einzelne kann Produzent seiner Lebensumstände werden. Politische Partizipation und menschliche Grundbedürfnisse. In: Materialien zur politischen Bildung, 4/1978, S. 65–71.

Gudjons, H.: Praxis der Interaktionserziehung. 180 Übungen und Spiele zum Gruppentraining in Schule, Jugendarbeit und Erwachsenenbildung. Bad Heilbrunn 1978.

Guha, A.: Das Jüngste Gericht herbeibomben? Atomare Vernichtung und Ethik. Gedanken zu einer noch ausstehenden Diskussion. In: Publik-Forum 5/1981, S. 10 f.

Heine, W.: Atomrüstung: Der nackte Wahnsinn. In: konkret 2/81, S. 10–14.

Heller, A.: Theorie und Praxis: ihr Verhältnis zu den menschlichen Bedürfnissen. In: Lukacs, G. u. a.: Individuum und Praxis. Frankfurt 1975.

Hernández, J.: Pädagogik des Seins. Paulo Freires praktische Theorie einer emanzipatorischen Erwachsenenbildung. Lollar 1977.

Herrmann, G./Kuhnen, J.: Die eigene Erfahrung studieren. In: päd. extra sozialarbeit 11/1978, S. 26–30.(1978 a)

dies.: Was geht mich das Leben der anderen an? Über die Schwierigkeiten, aus der Betroffenheit ein didaktisches Konzept zu machen. Erfahrungen und Überlegungen zu einer anderen Seminar-Organisation. In: sozialmagazin 9/1978, S. 16–19. (1978 b)

Holzbrecher, A.: Dritte-Welt-Öffentlichkeitsarbeit als Lernprozeß. Zur politischen und pädagogischen Praxis von Aktionsgruppen. Frankfurt 1978 a.

ders.: Sprache und soziales Verhalten: Thema »Gastarbeiter«. Erfahrungsorientiertes Lernen im Deutschunterricht der Klasse 8 (unveröffentlichte Hausarbeit zur zweiten Staatsprüfung für das Lehramt am Gymnasium; masch.). 1978 b.

Höper, Cl.-J. u. a.: Die spielende Gruppe. 115 Vorschläge für soziales Lernen. München 1974.

Hostie, R.: Training für Sensibilisierung für menschliche Beziehungen. Salzburg 1975.

Huffzky, K./Schleich, B.: »Die Universität ist Männersache«. Ein Bericht über Frauenseminare an Universitäten. In: Frankfurter Rundschau vom 6. 11. 1976.

Illich, I.: Die Entschulung der Gesellschaft. Entwurf eines demokratischen Bildungssystems. Reinbek 1973.

Jervis, G.: Kritisches Handbuch der Psychiatrie. Aus dem Italienischen von M. Pflug und T. Pulz. Frankfurt ²1978.

Kirst, W./Diekmeyer, U.: Contact Training. Ihr Erfolgs-Programm für das Leben mit anderen Menschen. Stuttgart 1972.

Kirsten, R. E./Müller-Schwarz, J.: Gruppentraining. Stuttgart 1973.

Klafki, W./Otto, G./Schulz, W.: Didaktik und Praxis. Weinheim und Basel 1977.

Knoll, J.: Kurs- und Seminarmethoden. Ein Trainingsbuch zur Gestaltung von Kursen und Seminaren, Arbeits- und Gesprächskreisen. Weinheim und Basel 1991

Kovel, J.: Kritischer Leitfaden der Psychotherapie. Frankfurt/New York 2/1979.

Kuhlenkamp, D.: Plan zur Fortbildung nebenberuflicher Kursleiter in der bremischen Weiterbildung. In: aue Informationen, S. 15. Hannover, August 1976.

Kümmel, F.: Erfahrung, Können, Kunst. Einführende Bemerkungen zur Pädagogik als Theorie einer Praxis. In: Zs. f. Päd. 15. Beiheft 1978; S. 119 f. (1978 a)

Kupffer, H.: Pädagogische Praxis und die Theorie. Zum Problem der Freiheit erzieherischen Handelns. Weinheim u. Basel 1977 a.

ders.: Radikale Enthüllungen der Wirklichkeit. In: betrifft: erziehung 5/1977, S. 58–61. (1977 b)

Laing, R.: Das Selbst und die Anderen. Aus dem Englischen übersetzt von H. Hermann. Köln 1973.

Lamm, Z.: Der Status des Wissens in einer radikalen Bildungskonzeption. In: Robinsohn S. B. (Hrsg.): Curriculum-Entwicklung in der Diskussion. Düsseldorf/Stuttgart 1972, S. 25–36.

Lange, E.: Konfliktorientierte Erwachsenenbildung als Funktion der Kirche. Redemanuskript 1972 a.

ders.: Sprachschule für die Freiheit. In: Evangelische Kommentare 4/1972, S. 204–209. (1972 b)

ders.: Bildung als Problem und als Funktion der Kirche. In: Matthes, J. (Hrsg.): Erneuerung der Kirche. Stabilität als Chance? Gelnhausen/Berlin 1975, S. 189–222.

Lauff, W.: Erziehung der Erzieher mit pädagogischen Medien. In: betrifft: erziehung 11/1980, S. 26–29.

Lefebre, H.: Das Alltagsleben in der modernen Welt. Frankfurt 1972.

Lenke, I./Volhard, B.: Selbsterfahrungsgruppen von Frauen als Beginn emanzipatorischer Veränderung. In: Bergmann/Franck 1977 a, S. 267–282.

Lessin, U.: Rahmenrichtlinien RU und Schülerinteressen. Ansätze für eine empirische Überprüfung der hessischen Rahmenrichtlinien RU. In: Ansätze 1/2/1975, S. 7–44.

Lott, J.: Erziehung als Praxis der Freiheit. Paulo Freires Bewußtseinsbildungskonzept als Anfrage an Theorie und Praxis der (kirchlichen) Erwachsenenbildung. In: Theologia Practica, XI. Jhg. 1976, Heft 2, S. 134–154.

Mader, W./Weymann, A.: Erwachsenenbildung. Theoretische und empirische Studien zu einer handlungstheoretischen Didaktik. Bad Heilbrunn 1975.

Maier-Mannhart, H.: Die Revolution der Alleskönner. Ein Innovationsschub wirft die Frage der Beschäftigung auf. In: Süddeutsche Zeitung Nr. 243 vom 21./22. 10. 1978, S. 33.

Moeller, M. L.: Selbsthilfegruppen. Selbstbehandlung und Selbsterkenntnis in eigenverantwortlichen Kleingruppen. Reinbek 1978.

ders.: Zwei Personen – eine Sekte. In: Kursbuch 55, März 1979, S. 1–37.

Naudascher, B.: Das übergangene Selbst. Pädagogische Perspektiven zur Selbstkonzeptforschung. Frankfurt/New York 1980.

NCA: Nederlands Centrum voor Amateurtoneel, Materialien

1–2, hrsg. von J. Velzeboer u. a. Aus dem Holländischen übersetzt. Maarssen: NCA – Afdeling kreatieve kommunikatie o. J.

Negt, O.: Soziologische Phantasie und exemplarisches Lernen. Zur Theorie der Arbeiterbildung. Frankfurt ³1972.

ders.: Geschichte als Gegenwartsbewältigung (Besprechung von Brückner 1978). In: Frankfurter Rundschau vom 26. 5. 1979.

Niethammer, L. (Hrsg.): Lebenserfahrung und kollektives Gedächtnis; unter Mitarbeit von W. Trapp. Die Praxis der »oral history«. Frankfurt 1980.

Nipkow, K. E.: Bildung und Entfremdung. Überlegungen zur Rekonstruktion der Bildungstheorie. In: Zeitschrift für Pädagogik, 14. Beiheft »Historische Pädagogik«. Weinheim/Basel 1977, S. 205–229.

ders.: Die Kirche vor der Sinnfrage in Gesellschaft und Erziehung. In: Leben und Erziehen durch Glauben. Perspektiven bildungspolitischer Mitverantwortung der evangelischen Kirche. Gütersloh 1978, S. 38–54.

Nyerere, J. K.: Bildung und Befreiung. Aus Reden und Schriften. Von November 1972 bis Januar 1977. Mit einer Einleitung von Volkhard Hundsdörfer (Texte zum kirchlichen Entwicklungsdienst 14). Frankfurt 1977.

Peseschkian, N.: Positive Psychotherapie. Theorie und Praxis einer neuen Methode. Frankfurt 1977.

Petzold, H./Paula, M. (Hrsg.): Transaktionale Analyse und Skriptanalyse. Aufsätze und Vorträge von Fanita English. Hamburg 1976.

Platzer, K.-R.: Bewirken die Schulreformen eine emotional-soziale Verarmung in der Schule und Gruppenpraxis? In: Zs. für Gruppenpädagogik 1/1978, S. 18–31.

Pöggeler, F. (Hrsg.); Handbuch der Erwachsenenbildung. Band 1: Einleitung in die Andragogik. Stuttgart 1974.

Rabenstein, R.: Lernen kann auch Spaß machen. (Organisationsmodelle kirchlicher Erwachsenenbildung H. 11.) Darmstadt 1979.

Rauter, E. A.: Vom Umgang mit Wörtern. München 1978.
Reinhardt, S.: Die Konfliktstruktur der Lehrerrolle. In: Zs. f. Päd. 4/1978, S. 515–531.
Rogers, Ch.: Lernen in Freiheit. Zur Bildungsreform in Schule und Universität. München 1974.
Röseler, R.: Die Planung des Nichtplanbaren. In: betrifft: erziehung 2/75, S. 28 bis 34.
Rumpf, H.: Unterricht und Identität. Perspektiven für ein humanes Lernen. München 1976.
Sachs, W.: Entschulung des Lernens. Zwischenbilanz eines Programms. In: Neue Sammlung, Heft 2/1975, S. 125–147.
Sbandi, P.: Gruppenpsychologie. München 1973.
Schmidbauer, W.: Die hilflosen Helfer. Über die seelische Problematik der helfenden Berufe. Reinbek 1977.
Schmiederer, R.: Politische Bildung im Interesse der Schüler. Köln/Frankfurt 1977.
Schwäbisch, L./Siems, M.: Anleitung zum sozialen Lernen für Paare, Gruppen und Erzieher. Kommunikations- und Verhaltenstrainings. Reinbek 1974.
Seifert, J.: Der Verfassungsschutz bestimmt, wer als »Feind« anzusehen ist. In: Frankfurter Rundschau vom 16. 1. 1979, S. 10.
Sheehy, G.: In der Mitte des Lebens. Die Bewältigung vorhersehbarer Krisen. Frankfurt 1978.
Sjølund, A.: Gruppenpsychologie für Erzieher, Lehrer und Gruppenleiter. Nach einer Übersetzung von Fritz Nothardt bearbeitet. Heidelberg ^{2}1976.
Skowronek, H.: Psychologische Grundlagen einer Didaktik der Denkerziehung. Kognitive Prozesse und kognitive Strukturen. Hannover ^{2}1970.
Stallmann, M.: Zur Theorie kirchlicher Erwachsenenbildung. In: Blass, J. L. u. a. (Hrsg.): Bildungstradition und moderne Gesellschaft. Zur Neuorientierung erziehungswissenschaftlichen Denkens. H. H. Groothoff zum 60. Geburtstag. Hannover 1975, S. 75–82.
Stallmann, M./Harrach, D./Meueler, E.: Was ist das Eigentli-

che (Proprium) evangelischer Erwachsenenbildung? Didaktische und methodische Vorschläge für ein Wochenendseminar über theologische Begründungen evangelischer Erwachsenenbildung. (Organisationsmodelle kirchlicher Erwachsenenbildung H. 6.) Darmstadt 1977.

Stange, G.: Anstiftung zum Ausbruch aus Konsumentenhaltung und Konkurrenz. Überlegungen eines Dozenten zur Situation von Studienanfängern. In: päd. extra 5/1977, S. 19–24.

Steinbrink, Ch.: Bestandsaufnahme zum Gruppenunterricht. In: Zs. für Gruppenpädagogik 4/1976, S. 26–47.

Szczesny, G.: Pluralismus und moralische Existenz. In: Herder Korrespondenz 2/1972, S. 78–82.

Unbehaun, J.: Stop! Vorsicht bei der Anwendung! Narziß-Berichte aus der Schule II. In: päd. extra 7/8/1978, S. 44–45.

Vopel, K.: Interaktionsspiele. Lebendiges Lernen & Lehren. 1.–6. Teil. Hamburg ²1976.

Walter, P.: Narziß: Realität und Herausforderung. Das Bedeutungsspektrum des Narzißmusbegriffs. In: päd. extra 7/8/1978, S. 46–50.

Weltkonferenz, Dritte: 3. Weltkonferenz über Erwachsenenbildung. Tokio 1972. Schlußbericht der von der Unesco vom 25. Juli bis 7. August 1972 in Tokio veranstalteten Konferenz. Pullach 1973.

White, T. H.: Der König auf Camelot. Stuttgart 1976.

Wietig, A.: Das Haus der Wunder. In: Menschengeschichten. Drittes Jahrbuch der Kinderliteratur, hrsg. von H. J. Gelberg, Weinheim 1975.

Wirth, I. (Hrsg.): Handwörterbuch der Erwachsenenbildung. Paderborn 1978.

Der Autor:

Erhard Meueler, geboren 1938, ist Pädagoge und Theologe. Bis Ende 1981 war er Oberkirchenrat für Erwachsenenbildung in der Evangelischen Kirche in Hessen und Nassau. Seit Dezember 1981 ist er Professor für das Fachgebiet Erwachsenenbildung im Fachbereich Philosophie/Pädagogik der Johannes-Gutenberg-Universität in Mainz. Seit 1976 hat E. Meueler die Reihe »Organisationsmodelle Kirchlicher Erwachsenenbildung« (OKE), die von der Arbeitsstelle für Erwachsenenbildung der Evangelischen Kirche in Hessen und Nassau, Darmstadt, herausgegeben wird, als verantwortlicher Redakteur betreut.

Wichtige Buchveröffentlichungen:

E. Meueler: Soziale Gerechtigkeit. Einführung in die Entwicklungspolitik am Beispiel Brasiliens und der Bundesrepublik Deutschland. 2 Bde. Düsseldorf 1971

E. Meueler (Hrsg.): Unterentwicklung. Wem nützt die Armut der Dritten Welt? Arbeitsmaterial für Schüler, Lehrer und Aktionsgruppen. 2 Bde. Reinbek 1974

E. Meueler: Lernbereich »Dritte Welt«. Eine Curriculum-Entwicklung. Frankfurt 1979

E. Meueler zus. mit K. Lappe: Hauptschüler: Keine Chance? Oder doch – aber wie? München 1975

E. Meueler zus. mit F. Dorn und W. Raith: Das Musikfest der Zigeuner. Ein Medienpaket der Network-Medien-Cooperative. Frankfurt 1980

E. Meueler: Wie aus Schwäche Stärke wird. Zum Umgang mit Lebenskrisen. Reinbek 1987

E. Meueler: Die Türen des Käfigs. Wege zum Subjekt in der Erwachsenenbildung. Stuttgart 1993

Konzepte der Humanwissenschaften

Psychologie / Pädagogik

John Bowlby:
Das Glück und die Trauer
Herstellung und Lösung affektiver Bindungen.
Aus dem Englischen von Klaus Schomburg und
Sylvia M. Schomburg-Scherff.
1982. 242 Seiten, brosch., ISBN 3-12-930690-0

Mihaly Csikszentmihaly:
Das flow-Erlebnis
Jenseits von Angst und Langeweile: im Tun aufgehen
Aus dem Amerikanischen von Urs Aeschbacher.
6. Aufl. 1996. 254 S., broschiert, ISBN 3-608-95338-8

Mihaly und Isabella S. Csikszentmihalyi:
Die außergewöhnliche Erfahrung im Alltag
Die Psychologie des Flow-Erlebnisses
Aus dem Amerikanischen von Ulrike Stopfel und
Urs Aeschbacher.
2. in der Ausstattung veränderte Auflage, 1995.
427 Seiten, broschiert, ISBN 3-608-91751-9
Die Untersuchungen dieses Bandes vertiefen die von Csikszentmihalyi erarbeiteten Konzepte des Flow: Augenblicke, in denen Menschen Gefühle der Freude, der Konzentration und intensiver Aktivierung erfahren.

Rudolf Dreikurs:
Grundbegriffe der Individualpsychologie
8. Aufl. 1997. 184 Seiten, broschiert, ISBN 3-608-90107-8
Der Autor umschreibt die Bedeutung der Familienkonstellationen, des Lebensstils und des Gemeinschaftsgefühls. Dabei betont er den Gedanken Adlers, daß für die Entwicklung des Charakters nicht der direkte Einfluß der Umgebung, sondern die Stellungnahme des Individuums zu dieser Umgebung das Entscheidende sei.